ケベックの歴史

ジャック・ラクルシエール

ケベックの歴史

小倉和子・小松祐子・古地順一郎・伊達聖伸・矢内琴江 訳

水声社

目次

まえがき

もしもダラム卿〔一七九二—一八四〇、イギリスの政治家・軍人。一八三八年、総督として現地に赴任し、フランス系住民の同化の必要性を説く『ダラム報告書』を本国に提出〕がジャック・ラクルシエールに会っていれば、彼はフランス系カナダ人が「歴史も文学も持たない民族」だなどと書くことはけっしてなかっただろう。実際、ケベック州において、ジャック・ラクルシエールの名前は歴史と同義である。一九六二年の『ボレアル・エクスプレス』紙創刊号から二十一世紀初頭に出版した本書『ケベックの歴史』に至るまで、ジャック・ラクルシエールは、一五三四年にジャック・カルティエ〔一四九一—一五五七、フランスの探検家。ヨーロッパ人として初めてサンローラン河を遡ることに成功〕によって始められたわれわれの共同の冒険について研究し、それを普及させることを一生の仕事としたのである。

ジャック・ラクルシエールの著作目録は膨大で、敬意にあたいする。一九六八年から一九八三年まで、若いケベック人たちは、ドニ・ヴォージョワ〔一九三五—、出版社ボレアル・エクスプレス共同創設者。政治家。ルネ・レヴェック政権で、文化大臣なども務めた〕

とジャン・プロヴァンシェ〔一九四三—、歴史家、テレビ・ラジオの司会・進行者〕との共著である教科書『カナダ＝ケベック、歴史の総括』を読むことで自分たちのネイション〔ケベック州では、州やその住民を一つのnationととらえた表現が使われることが多い。これに「民族」や「国家」という訳語をあてるのは無理があるため、このように表記する〕の歴史を発見した。〈十月危機〉〔ケベック州の独立を主張するケベック解放戦線が一九七〇年十月に起こした二件の事件。モンレアル駐在のイギリス人商務官ジェイムズ・クロス〔一九二一—二〇二一〕とケベック州労働大臣ピエール・ラポルト〔一九二一—一九七〇〕が拉致され、後者が殺害された〕から二年も経たないうちにジャック・ラクルシエールは『警報だ、市民よ——クロス＝ラポルト事件』を発表する。この本はもう何年も前から入手できなくなっているが、彼はそのなかで、一九六〇年代初頭以来のケベック解放戦線の一連の動きを跡づけてから十月の出来事について詳細に述べ、説明していた。彼がいかに多様な関心をもっていたかは、一九七一年と七二年に、ケベック州、アメリカの独立革命、および一八三七年から三八年の動乱〔ルイ＝ジョゼフ・パピノーら愛国党員による、イギリス統治に対する一連の反乱〕について、矢継ぎ早に出版したことが証明してくれる。一九七九年から八二年には、エレーヌ＝アンドレ・ビジエ〔一九四七—、歴史家〕とともに『われらのルーツ——ケベック人の生きた歴史』シリーズを執筆している。これは政治史だけでなく、とりわけ人びとの日常生活がきわめて楽しく紹介された、まさしく情報の宝庫だ。実際、ジャック・ラクルシエールの手腕の一つは、大きな歴史と日常生活を結びつける生来の才にある。古文書、新聞、司教たちの教書、ケベック史の立役者たちの書簡に関する彼の知識が味わい深いエピソードで話を彩り、ある時代の雰囲気や生活様式をわれわれに感じ取らせてくれるのである。『アメリカ大陸の叙事詩』や『一面トップで見る歴史』のようなテレビ番組に出演するジャック・ラクルシエールはまた、『私たち流のフランス革命』や、『大恐慌と呼ばれたもの』、『第二次世界大戦と世論』など、カナダ放送協会の文化チャンネルで放送されるラジオのシリーズにも貢献した。これら三つのシリーズで、ジャックはプレゼンターとしての大いなる才能を発揮し、ケベック史に関する博識を証明した。

円熟期の作品である本書『ケベックの歴史』において、ジャック・ラクルシエールはケベック史の総括と省察を行っている。まさしく離れ業であり、重要な政治的出来事、日常生活、論争、ケベックの運命をつくり上げてきた保守派と進歩派の対立などを自分の文章に組み込みながらケベック社会の進展を跡づけることに成功している。

私はジャック・ラクルシエールに対して友情と敬意を抱いているが、それ以上に、何よりもまずケベック史に関する四〇年以上にわたる研究と思索の成果である本書の質の高さを認めずにはいられない。ジャック・ラクルシエールの大きな功績は、生涯にわたって、一般の人びとのケベック史に対する関心を刺激しつづけたことにある。

アンドレ・シャンパーニュ

ニピゴン湖
ボワ湖
スペリオル湖
ヌーヴェル・フランス
カナダ
ケベック
モンレアル
ソーサントマリー
フロントナック
要塞
ヒューロン湖
オンタリオ湖
グリーン・ベイ
ミシガン湖
ナイアガラ
エリー湖
ニューヨーク
サン
ジョゼフ
フィラデルフィア
イリノイ川
ボルティモア
ミズーリ川
カホキア
リッチモンド
カスカスキア
オハイオ川
ミシシッピ河
イギリス植民地
フランス領
ルイジアナ
チャールストン
ナチェズ
モビール
メキシコ湾
300 km
フランスの入植地域
（下流地方）
ヌーヴェル・フランスの
理論上の境界
上流地方
イリノイ郡
フランスの交易所
フランスの都市
イギリスの都市

1713 年以降のヌーヴェル・フランス。

第一章　かなりつらい初期——新大陸への到着（一五三四—一六五〇年代）

一五三四年七月二十四日はケベックの「公式な」歴史の始まりをしるす。この金曜日、サンマロ〔フランス北西部、ブルターニュ地方の港町〕出身の船長ジャック・カルティエの部下たちはガスペ半島〔ケベック州、サンローラン河口に位置する半島〕の突端に十字架を立てる。一同は十字架の横棒の上に、三輪のユリの花〔フランス王家の紋章〕が描かれた盾形紋章と「フランス王万歳」と書かれた札を設置した。「十字架が空に向かって掲げられると、われわれは皆それを崇拝しながら跪き、手を合わせた」とカルティエの最初の旅行記には読める。身振りによって、フランス人たちは天を指し示しながら「この十字架がわれわれの贖いである」ことを、儀式に立ち会った先住民たちに理解させようとしたのである。

先住民たちは、この出来事がフランス王の名による彼らの領土の公式な占領であることを理解してはいない。彼らは、ヨーロッパ人にとって、キリスト教徒の主権者に属していない土地はすべて簡単な身振りで自分たちのものにできることを知らないのである。しかし、先住民のリーダーであるドンナコナ〔?―一五三九頃〕はこの出来事が何か深刻な事態であることを直感する。彼や彼の親族にとって、「われらの母なる大地」は万人のものであるのに、フランス人たちはこの十字架を設置するのに許可を求めなかった。ほどなくして、ドンナコナは丸木舟《カヌー》でフランス船のそばに行く。彼はこの土地が自分たちのものであり、十字架を立てる前に自分たちに許可を求めるべきだったことを指摘したかったのである。するとカルティエは次のように説明した。この十字架は入港したことを示すための標識にすぎないのだ、と。遠来者は平気で嘘をつく。そして、船乗りたちはイロクォイ〔北米先住民の一語族〕のリーダーの二人の息子を捕まえる。慣習により、彼らは、世界の新しい場所に行った証拠としてフランスに連れ帰られることになる。

　長いあいだ「カナダの発見者」と考えられてきた人は、じつは現在のケベックにあたる領土に赴いた最初のヨーロッパ人ではなかった。何十年も前から、フランス人、イギリス人、ポルトガル人、スペイン人、バスク人、そして北欧人がニューファンドランド〔カナダ東海岸に位置する島〕付近にタラ漁に来ていた。この魚はカトリック教徒の食生活においてとても重要だった。当時、一年に一五〇日、肉絶ちしなければならず、すなわち魚肉以外の肉類を食べることが禁じられており、違反すれば大罪にあたいしたのである！

　しかし、一五〇七年にようやく「アメリカ」と呼ばれるようになったにすぎない大陸をヨーロッパ人が往来するようになるはるか前、何万年も前から、この大陸には人が住んでいた。サンローラン河流域に先住民たちが住み着くようになったのはもう少し後になってからだ。氷河が融けて、シャンプラン海〔氷河期後期にサンローラン低地を被っていた汽水域〕が空っぽになるまで待たなければならなかった。考古学的研究によれば、それらの地域が占拠されたのは八〇〇〇年から一万年前にさかのぼることが明らかになっている。

カルティエがフランスに連れ帰った二人の先住民は人びとの興味をかきたてた。二人は宮廷に紹介され、かなり速くフランス語のいくつかの単語を覚え、親が子供たちを育てる方法に驚く。先住民にとって、子供たちをたたいて叱ることは論外だったが、フランスではそれが当たり前だったのだ。

一五三五年、ジャック・カルティエは新世界への二度目の旅に出る。二人の先住民のおかげで、彼は大陸のさらに奥深くに入り込むことのできる河があることを知っていた。こうして彼は中国へと通じる道を見つけることを期待する。ほかの探検家たちと同様、彼も香辛料の産地である国に行く方法を探しているのだ。香辛料の価格は、十五世紀半ばにトルコ人たちによってコンスタンチノープルが占拠されたためにきわめて高騰していたからである。

フランス人たちはスタダコネまで行く。そこは次の世紀にケベックという名前になるところだ。「カナダ王国」と呼ばれる地域の中心であり、カナダという地名はイロクォイ語起源で、「小屋の集成」を意味する。モンレアル島に位置する先住民の重要な村オシュラガを足早に訪問したあと、カルティエと彼の部下たちは北米大陸での初めての越冬がいかにつらいものか経験することになる。一五三六年五月初旬、フランスに帰国するために錨を上げる前に、カルティエはふたたび十字架を立てさせる。そこにはフランスの武器があしらわれ、「神の恩寵によりフランス人たちの王として君臨するフランソワ一世」とラテン語で刻まれていた。それはいうなれば、この領土を再度所有したことを意味している。

　アメリカ大陸に植民地をつくったスペイン人やポルトガル人にならって、フランス人もサンローラン河流域で同じことをしようとする。一五四一年、ジャン＝フランソワ・ド・ラ・ロック・ド・ロベルヴァル〔一四九五?—一五六〇、フランスの軍人。フランソワ一世によりカナダの副王（総督）に任命される〕の補佐となったカルティエは、数百人の植民者とともにふたたび大西洋を渡るが、そのうちの何人もが監獄から引っ張り出された者たちだった。彼は手っ取り早く新世界の富、すなわち金やダイヤモンドを手に入れてフランスに帰還することを夢見ていた。同じころ、ロベルヴァルはニューファンドランドに到着し、それからサンローラン河を遡る。彼らの遠征は失敗に終わった。それもカルティエの「富」がじつは水晶と黄鉄鉱にすぎなかったからなおさら辛いものとなった。

　このようにしてケベックの地でフランスが「公式に」存在感を示した歴史の最初の一ページは終わる。サンローラン河流域への定住が考えられるようになるまでには、まだ半世紀以上待たねばならない。しかし、そのことは、サンローラン河流域が見棄てられたという意味ではない。定期的にバスク人やフランス人が毛皮の交易や漁をしにやって来た。彼らは熾烈な競争を繰り広げていた。そのため、一五八七年、ジャック・カルティエの甥の息子にあたるノエル兄弟のジャンとミシェルは、競争相手である他の交易人たちと対決しなければならなかった。

十七世紀のごく初期から、ヌーヴェル・フランス〔「新フランス」の意。一五三四年から一七六三年までフランスが北米大陸に所有していた植民地の総称〕の富がより多くの商人や投資家たちの関心を引くようになってくる。アンリ四世王もまた、新世界に植民地をもとうとする。一五九八年一月にはすでに、トロワリュ・ド・ラ・ロシュ・ド・メグエズ〔一五三六―一六〇六〕が、自分を「カナダ、ニューファンドランド、ラブラドール、ノランベーグ〔北米大陸北東部にあったとされる半ば想像上の商館〕の国々の国王代理官」に任命する開封勅書を国王から受け取っていた。セーブル島〔ノヴァスコシア州の海岸の南一七〇キロに位置する島〕に植民地を建設しようとする彼の計画は失敗に終わる。一六〇一年、タドウサック〔ケベック州、サンローラン河とサグネ川が合流する地点〕でのピエール・ド・ショーヴァン・ド・トヌチュイ〔一五四〇?―一六〇三、フランス・ノルマンディー地方出身の海軍大将〕の計画も同様である。さらに、アカディのサントクロワ島〔現在の米国のメーン州とカナダのニューブランズウィック州の境界付近に位置する島〕での計画もだ。一方、ポール・ロワイヤル〔現在のカナダのノヴァスコシア州にある都市。一七一〇年までアカディの首都〕では、フランスの影響力は一定期間途絶えることになる。今日まで続く占領が始まるには、ケベック市での交易所の開設を待たなければならない。

ヴァージニア〔後に米国となる一三植民地の一つ〕におけるイギリス植民地の発展は、アカディにとっての脅威となりうるものだった。また、とくに毛皮の交易における独占権を失ったこともあって、ピエール・デュ・グァ・ド・モン〔一五六〇?—一六二八、ヌーヴェル・フランスの最初の開拓者〕は動物の皮の供給地により近い小さな植民地の建設のために別の場所を選ぶことになる。サンローラン河流域のケベックの突端は、彼には理想的な場所と思えた。そのため、彼はサミュエル・ド・シャンプラン〔一五六七?—一六三五、フランスの探検家・地理学者・地図製作者。ケベック市を建設〕を自分の補佐官に任命し、サンローラン河が狭まるこの場所に行って住居を建て、男たちによる小さなチームを統率する任務を命じた。一六〇八年七月三日、要塞を施された住居棟の建設が始まる。バスク人にはこれが気に入らない。タドゥサック地域にいる彼らは、上流の常設交易所は迷惑なだけだと考えたのである。バスク人たちはシャンプランの部下数名に彼を殺害するよう説得する。この計画は失敗し、謀反人の一人であるジャン・デュヴァルは絞首刑に処される。ケベックにおける最初の越冬のあいだに、二〇〜二八人が壊血病で死亡することになる。

一六〇三年、「カナダへの」最初の旅の際、シャンプランはタドゥサックのモンタニェ〔北米先住民の一民族。現在はイヌーと呼ばれることが多い〕に対して、彼らのイロクォイとの戦争を支援すると約束していた。六年後、彼は約束を果たさなければならなくなる。二人のフランス人を連れて、彼はイロクォイの領地に赴く。そのときある湖を渡るが、その湖にはのちに彼の名前がつけられる。シャンプラン湖〔米国のヴァーモント州、ニューヨーク州およびカナダのケベック州にまたがる湖〕である。フランス人がアルゴンキン〔北米先住民のうち最大の語族〕やヒューロン〔北米先住民の一民族。自称ウェンダット。イロクォイ語族に属するが、イロクォイ同盟には不参加〕に味方したことでイロクォイは不倶戴天の敵となる。何度か小康状態はあったものの、以後ほぼ一世紀にわたる戦争と緊張関係が始まる。しかしながら、シャンプランにとって、毛皮の交易をおこなっていた先住民たちを失ってまで遠方で暮らす民族と同盟を結ぶことなど論外だったことは指摘しておくべきだろう。実際、ジャック・カルティエの時代にはケベックとモンレアルの地域はイロクォイ人に占領されていたが、彼らはすでにサンローラン河流域を離れ、代わりにアルゴンキン族が占領していた。イロクォイ人がいなくなったのは病気または戦争によるものだったのだろう。

少なくとも最初の一〇年間、ケベックは何よりもまず毛皮の交易所だった。新しい供給の中心地を探してシャンプランはさまざまな地域を探索することになる。自分が統括している場所が北米の主要なフランス植民地の拠点になりうると彼が確信するようになるのは徐々にでしかなかった。一六一七年に最初の入植者とその家族が到着したのは、交易権を独占していた者たちには気に入らなかったが、状況を変えることにはなった。シャンプランにしてみれば、フランスは北米における植民地を拡大する必要があった。さもなければ、イギリスやオランダがサンローラン河流域に植民地の拠点を急いで築いてしまうだろう。

本国では、ルイ十三世王の宰相だったリシュリュー枢機卿〔一五八五—一六四二、カトリック教会の聖職者で、フランスの政治家〕が一六二七年、小さな植民地をみずから管理することを決意する。彼は一〇〇人の出資者で構成されるヌーヴェル・フランス会社〔百人会会社とも呼ばれる〕を設立する。その活動——主たるものはその後一五年間で四〇〇〇人の男女の入植者をカナダの地に送る義務だが――に出資するため、会社は毛皮交易の独占権を手に入れる。フランス人がサンローラン河流域に移住するよう促すため、いくつもの方策が打ち出された。つまり、三年間住居と食糧が保証されることや、植民地で六年間ある職業に従事すればフランスで通用する親方の資格を取得できることなどである。当時リシュリューはプロテスタントと戦っていたので、カトリック教徒だけがヌーヴェル・フランスに定住する権利をもつと主張した。ユダヤ人の滞在も認められなかった。

新しい植民者の募集は順調に進み、一六二八年春には、四〇〇人がケベックに向けて船出する。前年からフランスとイギリスのあいだで戦争が激化していた。洋上では両国の船舶同士の戦いも頻繁に起きた。リムスキ〔ケベック市からサンローラン河を約三〇〇キロ下った河口付近の町〕付近で、入植者たちを乗せた四隻のフランス艦が攻撃され、撃破される。この遠征に資産の大部分を注ぎこんでいたヌーヴェル・フランス会社にとって、これは大打撃だった。

イギリス艦を指揮していたのはカーク兄弟のデイヴィッド、トーマス、ルイスだった。彼らはシャンプランに強く降伏を迫るが、拒絶される。しかし一六二九年七月、ケベックは降伏し、三年間イギリスの交易所となる。皮肉な運命だが、カーク兄弟がケベックを奪った三カ月前に両国のあいだでは平和条約が締結されていた。にもかかわらず、植民地がフランスに戻るには一六三二年まで待たなければならなかった。

入植の契約を履行するため、ヌーヴェル・フランス会社は土地の払い下げに関して特別な方法を講じることになる。一六三四年、会社はロベール・ジファール〔一五八七―一六六八〕にボポール〔現在のケベック市の一部〕という名になる領地を払い下げる。新領主の領地は正面が一里で、奥行きが一里半だが、今度は彼自身が自分で募集した新入植者たちに開墾用の区画を払い下げなければならない。その後、多くの領地が与えられ、フランスの封建制度とは無関係なこの入植システムがケベックの領地のかなりの部分を占めるようになる。

河川が主要な交通手段だったので、領地のほとんどは、どんなに狭いところでも水の流れに通じていた。払い下げ地は長方形で、しばしば正面が三アルパン〔一アルパンは約五八メートル〕、奥行きは二〇、三〇、ときには四〇アルパンにもなった。領土をこのように占領すると、サンローラン河の両岸にケベックからモンレアルまで一つの巨大な村が広がっているような印象を与える。

領主制において、領主と地代支払い義務を負う農民《サンジテール》（「サンス」と呼ばれる年貢を納めなければならなかったことから、払い下げ地を取得した人たちに与えられた名前）には権利と義務がある。領主は自分の領地では住居と道を維持管理し、共同の風車小屋（製粉所）をつくらなければならない。農民はここで自分の小麦を挽き一四番目のミノ〔小麦の単位。一ミノは約八〇リットル〕を納めなければならない。領主は特別な尊敬を受ける権利がある。自分の領地の人口を増やすことに注意を払わなければ、彼はその所有権を失うかもしれない。払い下げ地の契約では農民が従わなければならない労働賦役の日数も決められている。領主自身も、植民地の行政が発令した日数の賦役を課せられることがある。これほど良い条件で土地を入手できるという希望から、多くのフランス人が、本国よりはるかに自由な生活ができるヌーヴェル・フランスへの移住を促されることになる。

ジファールが自分の領地を獲得してそこに彼の最初の入植者たちを定住させたまさにその年、シャンプランはトロワリヴィエール〔サンローラン河沿い、ケベック市とモンレアルの中間に位置する都市〕に新しい交易所をつくるよう命じる。この場所はイロクォイが奇襲をかける新たな目標地点となる。

住人が増加し、少なからぬ人たちが先住民をキリスト教に改宗させたいと望んだため、修道士たちが到着する。一六一五年、最初にやって来たのはレコレ派〔フランシスコ会系の改革派〕修道士たちだが、彼らは一六三二年にふたたび来る権利は獲得しないだろう。イエズス会の宣教師たちについては、イギリスによる占領期間〔前述、一六二九年からの三年間〕以外は一六二五年からいた。シャンプランが亡くなった一六三五年、彼らはギリシャ語やラテン語といった古典語の講義を始める。四年後、最初の聖ウルスラ会修道女たちが到着し、フランス人と先住民の女子教育に注力するようになる。同年、看護修道女たちが植民地の最初の病院であるオテル・デュー〔「神の館」の意。司教座都市に置かれた大病院〕を開設する。

フランスでは対抗宗教改革がカトリック教に新しい息吹を吹き込む。ある者たちは先住民への布教活動をみずからの使命とする。彼らはソシエテ・ノートルダム・ド・モンレアルに集結し、トロワリヴィエールの上流に位置するこのモンレアル島に宗教的な植民地をつくろうとする。ポール・ド・ショメディ・ド・メゾヌーヴ〔一六一二―一六七六、フランスの貴族。一六四二―六五年、モンレアルの地方総督〕に指揮された最初の入植者たちの一団は一六四一年秋にケベックに到着するが、最終目的地まで河を上るにはすでに遅すぎた。当時、イロクォイがさまざまな場所で攻撃を開始していたのである。ヌーヴェル・フランスの最初の正式な総督であるシャルル・ユオー・ド・モンマニー〔一六〇一―一六五七。一六三六―四八年、総督を務める〕は、むしろイロクォイの攻撃が少ないオルレアン島に定住するようメゾヌーヴを説得しようとするが、「モンレアル主義者」――彼らはこう自称していた――のリーダーはこれを拒否する。一六四二年五月十七日、小さなグループがモンレアル島に上陸してヴィルマリー〔「マリアの町」の意〕を建設する。聖母マリアの庇護の下に置かれる将来のモンレアル市の宗教的な目的をよく示す地名である。

ヴィルマリーはケベックに着任したヌーヴェル・フランス総督の権限から大きく外れた国家内国家となる。メゾヌーヴの眼には、自身の植民地の発展は十分迅速に進んでいるようには見えない。新しい血が、新しい入植者たちが、大量に到着する必要がある。一六五一年、フランスに向けて出発する用意をしていたとき、彼はこう宣言する。「私はこの場所を守るために二〇〇人の男たち（……）を連れてくるよう努める。最低でも一〇〇人いなければ、戻ってこないだろう。そのときはすべて放棄しなければならない。この場所を支えることはできないだろうから」。彼は一六五三年秋に一二〇名を連れて戻ってくる。彼らは「大いなる新規入植者」と呼ばれるようになる。補充された者たちのなかにはマルグリット・ブルジョワ〔一六二〇―一七〇〇、カトリック教会の聖人。ヌーヴェル・フランスに最初の学校を設立し、移民や先住民の教育に携わった〕もいる。彼女の任務は子どもたちの教育だ。自分の仕事を助け、常設の施設とするために、彼女は修道女たちの共同体をつくる。コングレガシオン・ド・ノートルダム・ド・モンレアルである。

一六五〇年代の一〇年間に、イロクォイから何度も襲撃を受け、数十人の死者が出た。この対立の理由の一つは、毛皮交易の監督に関するものである。イロクォイは自分たちだけが毛皮提供者とフランス人たちとの仲介者でありたいと願う。彼らはモンタニェ、ヒューロン、アルゴンキン、あるいは毛皮交易への参加を望むすべての民族を服従させようとするのである。毛皮交易が植民地経済でもっとも重要なものであることを忘れてはならない。供給が途絶えれば深刻な結果を招きかねない。実際、一六五〇年代末にはイロクォイの急襲により毛皮がヴィルマリーにもケベックにもほとんど届かなくなった。聖ウルスラ会の修道院長である上級修道女のマリー・ド・レンカルナシオン〔一五九九―一六七二〕によれば、植民地を手放してみんなをフランスに帰国させることも検討しなければならなかった。一六六〇年夏、アダン・ドラール・デゾルモー〔一六三五―一六六〇。二十二歳でヌーヴェル・フランスに渡り、メゾヌーヴに雇われ開墾作業に携わる〕に指揮された若いモンレアル主義者たちのグループが介入してくれたおかげで、ピエール＝エスプリ・ラディソン〔一六三六?―一七一〇、フランスの探検家・毛皮商人〕とメダール・シュアール・デ・グロゼイエ〔一六一八―一六九六、フランスの探検家・毛皮商人〕に案内されて三〇〇人のウタウエ人〔ウタウエはオタワ川北岸の地域〕が乗った六〇艘ほどの丸木舟《カヌー》がヴィルマリーに到着する。そこには植民地を破産から救うに足る毛皮が積まれていた。

状況はあまりに不安定である。北米の植民地を維持したいのであれば、フランス当局が対策を講じる必要がある。若き王ルイ十四世の摂政政治が終わり、彼自身の治世〔一六六一年、マザランの死去により、ルイ十四世の親政開始〕の到来がヌーヴェル・フランスにとってよい結果をもたらすことを人びとは期待している。

サミュエル・ド・シャンプランは正真正銘の謎めいた人だ。彼は完璧な男だった。勇気があり，先見の明があり，果敢な彼は優れた地図製作者でもあった。彼は当時の計測器をきわめて巧みに使用することができた。そのうちの一つがここにある天体観測器である。

第二章　王立植民地――フランス国王直轄植民地（一六六三―一七一三年）

一六六三年はヌーヴェル・フランスの歴史において転換点となる。国王ルイ十四世が彼の遠方の植民地をみずから管理することを決断した。大臣であるジャン＝バティスト・コルベール〔一六一九―一六八三。ルイ十四世治下で財務総監を務め、重商主義政策を実施〕はしばらくのあいだ「カナダ」に特別の注意をはらうことになる。当時の「カナダ」はサンローラン河流域のみを指し、アカディ、ニューファンドランド、そして「上流地方」（すなわち五大湖周辺）が残りのヌーヴェル・フランスを構成していた。植民地は総督によって指揮されつづけるが、彼の補佐として行政長官《アンタンダン》がつけ加えられる。行政長官はいわば、財務、法務、通商大臣に匹敵する。総督は戦争ができるが、資金を出すのは行政長官である！そのうえ、この双頭の指揮は最高評議会によって補完され、そこには自動的に総督と司教も参加する。最初、五人の評議員は総督と司教の連名で任命される。この評議会は植民地における最高裁判所である。この改革はヌーヴェル・フランス会社の解散を前提としていた。

二つの重要な問題を早急に解決しなければならない。イロクォイの鎮圧と人口の増加である。「南北アメリカに位置する、陸地、島、川など、われわれに服従しているすべての地域の国王代理官」であるアレクサンドル・ド・プルヴィル・ド・トラシー侯爵〔一五九六または一六〇三―一六七〇〕が、イロクォイと戦うためにケベックに行くよう命じられる。サリエール侯爵アンリ・ド・シャストラール〔一六〇二―一六八〇〕が指揮するカリニャン＝サリエールの連隊は、二四の中隊、すなわち一二〇〇人の男たちで編成される。連隊は一六六五年六月半ばから九月半ばにケベックに上陸する。軍人たちの最初の任務は、リシュリュー川〔シャンプラン湖から流れ出し、モンレアルから北に約九〇キロのソレルでサンローラン河に合流〕の川岸とシャンプラン湖上の島、すなわちイロクォイたちが通常使っている道に沿って、一連の要塞を建設することである。このような軍事力の存在によりイロクォイの五つの民族のうち三つまでが平和条約への調印を促されることになる。一六六五年から一六六六年にかけての冬のあいだ、ほかの二つの民族、すなわちモホークとオナイダに対する遠征は失敗に終わる。次の夏、新たな遠征が行われる。フランス人の到着を知らされた先住民たちは自分たちの村から逃げ、村はトウモロコシの収穫物もろとも破壊される。力に差があることを自覚したこれら二つの民族もフランス人と平和条約を締結し、それは一八年間続く。

国王ルイ十四世の首席大臣であるジャン＝バティスト・コルベールの要請により、行政長官のジャン・タロン〔一六二六—一六九四、ヌーヴェル・フランスの最初の行政長官〕は軍人や将校たちが植民地に定住するように圧力をかける。軍人たちには土地を約束し、将校たちには領主所領の譲渡を約束する。軍人たちの三分の一、すなわち四〇三人がその提案を受け入れ、土地を受け取る。歴史家のマルセル・トリュデルは軍人たちに提案された条件を次のように要約している。「彼らは土地を与えられ、最初の定住を助けてもらうだろう。すなわち食糧と道具が与えられ、自分で開墾し、雑草を焼き払った最初の二アルパン〔面積の単位で、一アルパンは約三四アール〕の耕作地の代金を受け取るだろう。その代わり、彼らは、フランスから到着する家族のためにもう二アルパンも開墾することになる」と。

一六六〇年代後半のあいだに、植民地の人口は急増する。歴史家トリュデルによって復元された人口調査によれば、男女の住民の数は一六六六年時点で四二一九人である。男性は、志願兵、すなわち通常三年間の兵役志願の契約に署名した者たちが多かったために、女性よりはるかに多かった。そのため、一六六三年には女性一人に対して六人の独身男性がいた！ 植民地に「年頃の娘」がやって来ることによって均衡がはかられるようになった。必要な持参金を自分たちで用意して、家族と一緒に、あるいは一人で来た女性もいれば、王から持参金をもらって来た女性もいる。後者は「王の娘たち」という呼称で知られるようになる。そのうちのかなりはサルペトリエール、すなわちパリの総合病院から来た。「王の娘たち」は一六六三年から一六七三年まで断続的に到着する。その数、およそ八五〇人だった。

王にしてみれば、青年と娘たちは若いうちに結婚しなければならない。一六六九年四月五日、王は「息子を二十歳、娘を十六歳で結婚させない父親には、罰金刑が科され、徴収された罰金は地元の病院の運営に充てられる」ことを明記した勅令に署名する。翌年、頑固な独身主義者たちは、もし一定の期限内に結婚を取り決めなければ「狩猟や漁や〈先住民《ソヴァージュ》〉たちとの交易の自由を奪われ、必要に応じてさらに重い刑に処せられる」と脅かされることになる。夫婦がたくさんの子どもを持つことを奨励するため、行政長官は一種の家族手当の制度を確立する。「将来、正式な結婚から生まれ、司祭でも修道士でも修道女でもなく生存している子どもを一〇人までもった住人には、フランスがこの国に送金する歳入金のなかから各々一年に三〇〇リーヴル、さらに一二人もった住人には四〇〇リーヴルが支払われるだろう」。

一六七三年、男女のバランスはほぼ正常化する。もう「年頃の娘」を来させる必要はない。人口はこのとき六七〇〇人で、一二万人を超えているニューイングランドに比べるとはるかに少ない。タロンは「カナダを強大な国にする」という彼の夢がフランス当局には気に入られていないことを理解する。コルベールは彼に「カナダの人口を増やす必要があるとしても、フランスの人口を減らすことは賢明ではないだろう」と指摘する。失望したタロンはこう答える。「旧フランスには新フランスに移住させるための無用な余剰人員も臣下もいないことをあなたがご存じである以上、王の栄光と王国の利益のためにカナダに形成されうると先に私が記した大いなる植民地について、これ以上あなたにお話しすることはないでしょう」。

ヌーヴェル・フランスのカナダの地域に永住することを決意した男女は短期滞在のフランス人とは識別されるようになる。彼らは「カナドワ」あるいは「カナディアン」となる。歴史家のジエルヴェ・カルパンによれば、この新しい民族呼称は一六六〇年代に遠慮がちに現れる。こうしたカナディアンは「ペイザン（農民）」より「アビタン（農業開拓者）」と呼ばれることを好む。先住民と隣り合っていることが彼らの生活様式に影響を与えた。まもなく彼らは先住民の交通手段を取り入れるようになる。一六六四年にパリで出版された著作『俗にカナダと呼ばれるヌーヴェル・フランスの土地の風俗と生産物に関する本物の博物学』の中で、ピエール・ブシェ〔一六二二—一七一七、フランスの探検家、ヌーヴェル・フランスの行政官。北米先住民の複数の言語を学び、イエズス会宣教師の通訳を務めた〕は次のように書いている。「人びとは〈先住民《ソヴァージュ》〉たちによってつくられたかんじき（raquettes）と呼ばれるとても便利な靴を履いて、雪の上を歩き回っている」と。川や湖を航行するために丸木舟《カヌー》も必要になる。「森を駆ける人（coureurs de bois）」〔カナダで先住民が罠猟をしていた当時、彼らと毛皮商人の仲介人〕は丸木舟《カヌー》とかんじきを使わずに毛皮の交易をすることはできなかっただろう。

大臣のコルベールは先住民をフランス人化させるために必要な対策を取るようタロン行政長官に圧力をかける。彼はタロンに「キリスト教に入信したアルゴンキンやヒューロン、その他の〈先住民《ソヴァージュ》〉たちを文明化して、フランス人のところにやってきて、ともに共同体を築き、フランスの風習にしたがって一緒に生活するように仕向けよ」と書き送る。しかし、マリー・ド・レンカルナシオンが指摘するように、「フランス人が〈先住民《ソヴァージュ》〉になるほうが、その反対より簡単だった」。

先住民に助けられて、フランス人たちはヌーヴェル・フランスの領土を拡大していくことができるだろう。彼らは一連の探検旅行を行い、しばしば土地を占有することになった。たとえば、一六七一年六月半ばにソーサントマリー〔現在のオンタリオ州、ヒューロン湖とスペリオル湖のあいだにある土地〕において、一四の先住民族の代表の前で、シモン＝フランソワ・ドーモン・ド・サン＝リュッソン〔?—一六七七、ルイ十四世の軍隊の将校〕はフランス国王の名のもとに広大な領土を公式に占有する。「当該の場所サントマリーデユソー、およびヒューロン湖とスペリオル湖、ケアントトン島と他のすべての土地、河、湖、そして隣接する河、一方で北と西の海、他方で南の海に囲まれた地域に発見されたものおよびこれから発見されるものは、そのあらゆる経度と奥行きにおいて」フランス国王のものである。その前年、イギリス国王チャールズ二世は、フランス人たちに北の海として知られていた領土をイギリス冒険家会社に譲渡していた。ハドソン湾会社〔毛皮貿易のために一六七〇年に設立された英国の勅許・国策会社で、現存する北米大陸最古の企業〕という名前でよりよく知られるようになるものである。「それだけでなく、（……）現時点でわれわれの臣下、あるいは他の君主またはキリスト教国家の臣下のいかなる者も実際に所有していない上述の海、海峡、湖、河、小川の沿岸のすべての土地、国や領土も同様である」。実際に所有するには効力のある占領を行わなければならない。フランスとイギリスのあいだに広大な戦場が開かれたのである！

　南部と西部への探検旅行が、すぐにニューイングランド当局と問題を引き起こすことはない。これらの旅行には三つの目的があった。中国と日本に通じる道を探すこと、ヌーヴェル・フランスの領土を拡大すること、そして毛皮取引の新しい活動地域を開設することだった。たとえば一六七三年、カナダ人のルイ・ジョリエ〔一六四五―一七〇〇〕とイエズス会宣教師のジャック・マルケット〔一六三七―一六七五〕は先住民が盛んに口にするミシシッピ河を探しに出かける。彼らが「未知の」土地を前進するのを先住民の案内人が手助けしてくれる。彼らは「水の父」〔ミシシッピ河の異名〕を現在のアーカンソー州とルイジアナ州の境まで下る。彼らにとって旅のもっとも重要な結論は、ミシシッピ河がカリフォルニア側には注いでいないということだった。一六八二年にこの大河の河口まで行ったのはルネ＝ロベール・カヴリエ・ド・ラ・サール〔一六四三―一六八七、フランスの探検家・旅行家〕だった。この年の四月九日、彼はフランス王の名によってルイジアナを占拠する。この知らせを聞いて、ルイ十四世はごく短いコメントをする。「ド・ラ・サール氏の発見はまったく無駄である」と。いずれにせよ、ケベックは巨大な帝国の中心となるのだ！

　一六八九年、その「中心」が脅かされる。新たな戦争がフランスとイギリスのあいだで勃発する。二年前から植民地とイロクォイとのあいだの和平は過去のものとなっていた。総督のジャック＝ルネ・ド・ブリゼ・ド・ドノンヴィル〔一六三七―一七一〇、フランスの軍人・行政官〕は四〇人ほどのイロクォイのリーダーたちを巧妙に捕え、地中海上のフランスのガレー船〔十八世紀まで用いられた櫂と帆で走る軍艦や商船で、奴隷や囚人に漕がせた〕に送っていた。ニューイングランド当局の支持と支援を後ろ盾として、戦争再開の知らせが伝わるとすぐ、イロクォイはラシーヌ〔現在モンレアルの一つの区。中国（ラ・シーヌ）への通路を探していたド・ラ・サールにちなんでつけられた名前〕の小さな村を攻撃する。そこは毛皮交易が行われている「上流地方」に向かう出発点となっていた。人口が一六万に達していたイギリス植民地がそのとき、一万七〇〇〇人しかいなかったカナダを征服しようとする。

フロントナック伯爵のルイ・ド・ビュアド〔一六二二―一六九八、フランスの軍人・行政官〕は一六七二年から一六八二年までヌーヴェル・フランスの総督だったが、七年後に戻ってくる。彼の最初の計画の一つはニューヨークの征服とプロテスタント住民の国外追放だったが、この計画は実現しない。彼はガレー船の操縦から生き延びたイロクォイを連れ帰ったので、イロクォイの五つの民族はフランスの植民地を攻撃しないだろうと期待していた。一六九〇年の最初の数カ月のあいだにニューイングランドの村々に向けた三回の遠征が組織される。同盟を結んだ先住民を伴って、カナダ人たちは死と恐怖を振りまくが、そのせいで、ボストンの牧師コットン・マザーがサンローラン河流域の農業開拓者に対する十字軍〔宗教的目的による軍事遠征〕を説くようになる。彼の指令は明確である。「Canada must be reduced（カナダは小さくならなければならない）」である。

ケベックを奪取するために三二隻から成る艦隊がサンローラン河を遡っているとき、一つの軍隊がリシュリュー川を下り、モンレアルを無力化してから徒歩でヌーヴェル・フランスの首都に向かわねばならなかった。艦隊がケベックに向かって航海しているあいだ、病気が軍隊の行進を止める。一六九〇年十月十六日、目的地に到着したウィリアム・フィップス〔一六五一―一六九五、海軍将校、英国統治時代のマサチューセッツ湾直轄植民地初代総督〕の船は錨を下す。降伏を促されたフロントナック総督は、イギリスの密使に威風堂々とこう言う。「私は自分の大砲の口を向け、銃撃することによってしかあなたの将軍にすべき返事はない。こんなやり方で、人を使って私のような人間に勧告しても無駄だということを、彼は理解すべきだ。お互い、堂々と戦おうではないか」。こうしてケベックの二度目の攻囲戦〔一度目は一六二九―一六三二年、カーク兄弟による。第一章参照〕が始まる。何度か局地戦があるが、船上での越冬に対する恐れからフィプスは包囲を解くことにする。

イロクォイをおとなしくさせることを期待して、フロントナックは五大湖地方のいくつかの村を破壊する。さらに、ピエール・ル・モワーヌ・ディベルヴィル〔一六六一―一七〇六、フランスの航海士・商人・軍人〕の一行はハドソン湾からイギリス人を追い出すことにほぼ成功し、ニューファンドランド島のイギリス植民地も破壊する。一六九七年、リスウィック〔オランダのハーグ郊外の都市〕で平和条約への署名が済むと、得たものも失ったものも考慮することなく戦争前の状態に戻る。ディベルヴィルによって行われた戦闘はしたがって、すべて無駄だったことになる……。

フランス人と先住民は数十年来の戦争と緊張状態に疲れてくる。イロクォイや同盟を組んだ先住民の兵卒は衝突や、とりわけ病気――とくにヨーロッパ人によって持ち込まれた天然痘――によって大量に命を奪われた。植民地当局はカナダが平和なときしか発展できないことをよく知っている。そのうえ、毛皮の過剰生産によって経済が揺さぶられている。交易の専売権をもっているカナダ会社は経営状態がきわめて悪い。フロントナックの死去によりヌーヴェル・フランス総督となったルイ＝エクトール・ド・カリエール〔一六四八―一七〇三、軍人。モンレアル地方総督、ヌーヴェル・フランス総督を務める〕はフランス人に友好的な先住民族にも敵対的な先住民族にも平和条約を結ぶよう仕向けるが、そのことがニューイングランド当局には気に入らない。最初の一連の交渉は一七〇〇年の夏に行われ、大成功に終わる。フランス人もしくはカナダ人の使節が遠く離れた民族のもとに派遣され、翌年モンレアルに代表を送るよう要請される。一七〇一年八月四日、先住民の三九の民族の代表がフランス当局との平和条約に署名する。先住民の二つの民族のあいだに紛争が起きたときは、ヌーヴェル・フランス総督が仲裁に入らなければならないことが取り決められた。イロクォイの五つの民族は、フランスとイギリスのあいだに衝突が起こった場合は中立を守ることを約束する。（しかし、征服戦争〔「七年戦争」のヌーヴェル・フランスでの呼び名〕の際、ウィリアム・ジョンソン〔一七一五―一七七四、大英帝国の行政官・軍人〕の圧力により、イロクォイたちはイギリス側につくことになる。）それに対して、一七〇一年九月、スペインの王位継承をめぐって両国にあらたな衝突が生じると、アベナキ〔アルゴンキン語族に属する先住民族の一つ。カナダのケベック州や沿海州および米国のニューイングランド地方で暮らす〕はカナダ人と共にニューイングランド植民地を、ごく当然のことのように襲撃する。イギリス人たちはモンレアルの大平和条約には関与していなかったからである。

サンローラン河流域はスペイン継承戦争の影響はあまり受けない。戦闘はむしろアカディで激化する。ポール・ロワイヤルは降伏しなければならなくなる。一七一一年、イギリスでケベック征服のための新たな計画が練られる。ホーヴェンデン・ウォーカー卿〔一六五六—一七二五、大英帝国の海軍士官〕が、カナダを奪取することを使命とした艦隊の総司令官に任命される。四カ月に及ぶかもしれない遠征に必要な食糧を積むためにボストンに寄港したあと、九隻の軍艦と六〇隻の輸送船、二艘の臼砲装備の小型帆船から成る艦隊が錨を上げる。そこには一万二〇〇〇人が乗船していて、そのうち七五〇〇人は兵士で、ほかに連隊につきそう一定数の女性がいた。サンローラン河の河口で捕虜となったカナダ人の水先案内人ジャン・パラディ〔一六五八—一七二五〕のおかげで、悪天候にもかかわらず支障なく河を遡ることができるだろう。八月はしばしば濃霧と向かい風があることを忘れてはならない。しかし九月二日には船はセッティル〔ケベック州コート・ノール地方、サンローラン河口付近にある都市〕から遠くないエッグ島付近で暗礁にぶつかる。そこでおよそ九〇〇〇人が命を落とした。そのあいだ、シャンプラン湖で宿営していた軍隊がウォーカーの艦隊と合流するための知らせを待っている。惨事を知り、フランシス・ニコルソン司令官〔一六五五—一七二七、大英帝国の軍人、植民地行政官〕は彼の軍隊の撤退を命じる。

ケベックでは、十月半ば、二度目も攻撃を逃れたことを知って、住人たちは安堵を隠さない。ロワイヤル広場〔ケベック市旧市街にある歴史的中心地。一六〇八年、シャンプランがここに城塞を築いた〕にある小さな教会には、フィップスの失敗のあとノートルダム・ド・ラ・ヴィクトワールの名が与えられたが、これからはノートルダム・デ・

ヴィクトワールという名で知られるようになるだろう〔「勝利の聖母」の意。最初は「勝利」が単数形だったが、そのあと複数形になった〕。

スペイン継承戦争は一七一三年、オランダのユトレヒトにおいて、フランス、イギリス、オランダ、プロシア、ポルトガル、サヴォワのあいだで平和条約に調印されて終結する。この条約により、フランスはアカディ、ニューファンドランド、ハドソン湾をイギリスに割譲するが、ケープ・ブレトン島〔カナダのノヴァスコシア州にある島〕とサンローラン湾のいくつかの島は保持する。さらに、イロクォイがイギリスの庇護下にあることを認める。この条約の内容はイギリスによるヌーヴェル・フランスの征服が決定的になることを予見させる。このとき、一七五五年から一七六二年にかけてのフランス語系住民の強制移住〔一七五四年から始まったフレンチ＝インディアン戦争のあいだ、英国への忠誠を誓わずに抵抗したアカディ人たちが現在の米国へ強制移住させられた〕で終わる緩慢な苦悩が始まる。

ルイ・ニコラ〔1634-1682, フランス人のイエズス会宣教師。『カナダ・コード（Codex canadensis）』として知られる手書きの図鑑の著者〕によるデッサン。行政長官タロンは植民地での仕事を容易にするためにヌーヴェル・フランスに馬を運ばせた最初の人である。12頭の馬が最初に到着したのは1665年である。

第三章　一つの民が誕生した――「カナダ人」の誕生（十七世紀末―一七三〇年）

十七世紀末になると、カナダ人は男女とも次第にフランス人と異なってくる。行政官や訪問者もそのことを見逃しはしない。ドノンヴィル総督にとって、「カナダ人はみな上背があり、体格がよくて、がっしりしている。質素な生活をしなければならないことに慣れ、頑丈でたくましいが、意志がきわめて強く、敏捷で、放蕩をしがちである。彼らは才気があって生き生きとしている」。将校で、作家でもあるルイ＝アルマン・ロム・ダルス・ド・ラオンタン〔一六六六―一七一六、フランスの旅行家・人類学者・作家〕はラオンタン男爵としてのほうが知られているが、彼にとっては「カナダ人、あるいはクレオール（植民地生まれのフランス人）は体格がよく、頑丈で背が高く、力持ちでたくましく、積極的で、勇ましくて疲れを知らない」。ボジー騎士と呼ばれるルイ＝アンリ・ド・ボジー〔？―一七二〇、フランスの貴族。五大湖地方での毛皮取引に注力した〕はかならずしも同意見ではない。「そこでは人びとはとても体格がよいが、疲れ切っている」と彼は書いている。「彼らは〈先住民《ソヴァージュ》〉と同じように森の中を走り始め、中には〈先住民《ソヴァージュ》〉と同じくらい器用な人たちさえいる。(……)この国の人たちについて言うと、彼らはきわめて二枚舌で、〈先住民《ソヴァージュ》〉に似て、大口をたたくがたいていは自分が何を言っているのか分かっておらず、大部分は(自称)紳士を装っている。彼らは全員で合意することがけっしてないので、互いをけなしあうのを聞かされる。こぞって互いを傷つけあうので、すべてを話させるにも拷問する必要はない」。

もっとも非難されるのは若者たちである。一六八五年十一月、ドノンヴィル総督は次のように書いている。「カナダの若者たちはあまりにしつけが悪いので、銃をもてるようになるやいなや、父親たちは息子たちにあえて何も言わなくなる。彼らは仕事に慣れておらず、貧しいので、森を駆け回る以外に生きる手段がなく、そこで数えきれないほどの騒ぎを起こすのだ」と。

女たちは男たちよりかわいがられるようだ。ラオンタンによれば、「カナダの血統はとても美しい。女性たちはたいてい美人で、褐色の髪の者は珍しく、みな慎み深い。(……)怠け者の女性はかなり多く、とことん豪華なものが好きで、こぞって夫たちを罠にはめる」。ボジーはむしろ機知に富んだ様子に驚いている。「彼女たちは大部分かなり気立てがよい。彼女たちから好かれるためにはあまり説教してはいけないらしい」。これらの二人の独身男性は、怠け者で豪華なものに惹かれすぎると考えているドノンヴィル総督よりも、女性たちに対して好意的な意見をもっていた。ドノンヴィルによれば、問題の原因は長すぎる冬にある。「長い冬のあいだ、人びとは極度の無為のなかで生活し、身体を温めること以外に何もしない。子どもたちはみな裸で、娘や既婚女性たちは怠惰だ。麻の種を蒔き、布織りに専念させるためにもう少し厳しさを求めてもよいだろう」。

冬のあいだは仕事がないときもあるが、夏はそうではない。男も女も子どもも野良仕事をする。世話をしなければならない家畜もいる。都会に住む者でさえ、豚や雌鶏を飼っている。家庭菜園のなかには今日のわれわれのものに引けをとらないものさえある。一六六四年、ピエール・ブシエはそこに見つけられるものを次のように描写している。「あらゆる種類のカブ、カブカンラン〔キャベツの一種〕、テンサイ、ニンジン、アメリカボウフウ〔根を食用にする〕、セイヨウゴボウ、その他の根菜類は完璧に生長し、十分に大きい。あらゆる種類のキャベツも完璧に育っている。ただし、カリフラワーだけはまだまったく見たことがない。香草に関しては、スイバ、あらゆる種類の葉柄、アスパラ、ホウレンソウ、あらゆる種類のチシャ、チャービル、パセリ、チコリ、ワレモコウ、タマネギ、ポロネギ、ニンニク、アサツキ、ヤナギハッカ、ルリジサ、アンチューサ、そして総じてフランスの庭で育つすべての種類の香草。メロン、キュウリ、スイカ、ヒョウタンもよく育っている」。

フランスから家畜が輸入された。牛、豚、羊、それにある種の雌鶏である。さらに、リンゴやスモモなどの果樹もだ。しかし川や森が魚や猟肉をふんだんに供給してくれる。ブシェにとって、ヘラジカの肉は「美味であっさりしていて、害になることはけっしてない」。ビーヴァー、クマ、ヤマアラシについても、また、ノガン、ヤマウズラ、ヤマバト〔ヌーヴェル・フランスの時代に生息していた野生の鳩の一種〕についても同様である。これらの野鳥は「信じられないほどの量がいる」とブシェはさらに書いている。「一度の発砲で四〇〜四五羽を仕留めることもできる。いつもそうというわけではないが。しかし八羽、一〇羽、一二羽くらいは普通のことだ。野鳥は通常五月にやって来て九月に戻る。この国ではどこでも見つかる」。

前述のように、十七世紀、カトリックの国では、一年におよそ一四〇日、肉断ちしなければならなかった。植民地ではビーヴァーはとても多かった。これが獣なのか魚なのか知る必要があった。魚であれば、一年のうちどの日でも食卓に出すことができるのだ！ 司教のフランソワ・ド・ラヴァル〔一六二三—一七〇八、ケベックに神学校を創設した初代司教。ルイ十四世によって創設された最高評議会のメンバー〕がこの重大な問題の判断をソルボンヌの神学者とパリの市立病院の医者たちにゆだねた。長くて骨の折れる議論と鑑定の末に、専門家たちはビーヴァーは……魚だという結論に達した（尾があるせいで）。それはカナダの住民にとってじつに喜ばしいことだった。

植民地で生産されないものは輸入しなければならなかった。塩、コショウ、ナツメグ、クローブ、砂糖、粗糖、オリーヴオイル、レモンの皮などである。十七世紀末にはメープル・シュガー

〔サトウカエデの樹液を煮詰めて得られるメープルシロップをさらに濃縮させたもの〕がつくられ始め、ときにショ糖の代用になる。ワインとアルコールに関しては、本国産のほうが好まれた。地元のブドウでワインづくりに挑戦する人もいたが、ふたたびピエール・ブシェの表現を借りれば「安物の赤ワイン」だ。

　多くの旅行者を驚かせるのは、カナダ人が示すもてなしの精神である。彼らの家の扉と、しばしば食卓までもが、よそ者に対して開かれている。それにはおそらく好奇心が大いに関係しているのだろう。冬季、すなわちキリスト降誕祭から謝肉の火曜日〔四旬節（復活祭前の四〇日間におよぶ断食期間）前の謝肉祭最終日〕まではしばしば、あるのはたっぷりのつけ合わせのついた食事とダンスだけだ。宗教的権威は「混合ダンス」、すなわち異性どうしでカドリーユ〔四人一組で方形を作って踊る〕やメヌエット〔フランス起源の三拍子の舞踏〕を踊ることを批判していた。さらに深刻なのは新婚夫婦への嫌がらせ《シャリヴァリ》だった。これは十六世紀以来すでにカトリックの教義では禁じられていて、違反すれば破門になったものである。ヌーヴェル・フランスでは一六八〇年代から「新婚夫婦に嫌がらせをする」ようになる。これはやもめ暮らしが短かすぎたり、新婚夫婦の年齢差がありすぎたりする結婚に異議を唱える人たちの騒々しい示威行動のことである。たいていの場合、喧嘩騒ぎを止めるただ一つの方法は「嫌がらせをする人たち」に金銭を払うことだった。一六八三年、これらの人たちは破門の憂き目にあう。このような示威行動をさせた子どもたちの親や召使いの主人も同様である。

　心の健全さだけでなく、身体的健全さも十分ではない。ヌーヴェル・フランスの歴史の初期に猛威を振るった壊血病は、肉や、塩分を含まない新鮮な野菜を食べるようになってからはほとんど消えた。実際、ブシェによれば、とくに冬のあいだ、植民地は理想的な気候に恵まれるようになるだろう。彼はこう書いている。「空気はつねに非常に健康的だが、とくに冬はそうだ。この国では病気はほとんど見当たらない」と。しかしながら、小児病は何百もの死亡の原因となっている。何度も伝染病によって犠牲者が出た。たとえば一六五九年にはチフスの最初の流行が植民地を襲う。また別の流行が一六六五年、カリニャン＝サリエールの艦隊の兵士たちを運ぶ船舶が到着したときに襲う。法廷の建物だけで約一〇〇人の死者が出る。チフスは一六八五年にもふたたび現れ、約一〇〇人の死者を出す。その二年後、およそ五〇〇人のカナダ人が天然痘の犠牲になる。一七〇二年から一七〇三年の冬にかけて、ケベック市の人口の一三パーセント、すなわち二六〇人の住人が天然痘で亡くなる。これはブシェの報告とは異なる点だ。

植民地には五つの医療施設があった。ケベックとモンレアルにはそれぞれオテル・デュー〔二四頁参照〕が一つずつあった。一六九〇年初め、二つの都市に、身体に障害のあるなしにかかわらず、哀れな物乞いを受け入れることを目的とした総合救貧院があった。病気のときは、これらの人びとはオテル・デューで看病してもらわなければならない。トロワリヴィエールではサン＝ヴァリエ司教〔一六五三―一七二七。一六八八年から一七二七年までケベックの司教〕の依頼で聖ウルスラ会の修道女たちが病院の指揮をとることになる。「平織か綾織のシーツで覆われた清潔なマットを備えた六つのベッドが設置されるだろう」とシスターのテレーズ・ジェルマンは書いている。「それぞれのベッドのそばには、椅子が一脚と縦長の箪笥が置かれる。水道と排水溝はまだトロワリヴィエールには存在していない。飲み水と病人の洗面用に井戸水が運んでこられる。そして各ベッドの下にはもう一つ必要欠くべからざる小物があることがお分かりだろう」。

トロワリヴィエールとケベックでは、聖ウルスラ会修道女たちが女子教育を提供する。一方、コングレガシオン・ド・ノートルダム・ド・モンレアルの修道女たちがいくつもの教区に学校を開設した。イエズス会のコレージュはあいかわらず古典（ギリシャ語・ラテン語）の講義を行う唯一の機関である。モンレアルでは聖スルピス会司祭が男子のための学校に出資する。さらに、何人かの巡回教師が村々を回って、報酬と引き換えに簡単な教育を施した。司祭職を目指す若者たちはケベックの神学校に滞在し、イエズス会士のもとで授業を受ける。

教育界は、住民全体と同様、つねに聖職者たちに監視されている。プロテスタントの信仰は禁じられていたので、大多数の住人たちはカトリック教を定期的に実践した。日曜祝日にミサに出席することは重要である。年五二日ある日曜日に加えて三七日の守るべき祝日があった。それらの日には仕事は禁じられていた。「主日」を守らない人たちは世俗の権力から罰金刑に処せられることもあった。

カナダ人は、ある面ではフランス人であり続けるが、ほかの面ではかなりはっきりした特殊性を示すようになった。一七二〇年、イエズス会士フランソワ＝グザヴィエ・ド・シャルルヴォワ〔一六八二—一七六一、ヌーヴェル・フランスの最初の歴史家〕が「カナダのクレオールたち」についてこう書き留めている。「人びとは過去について政治談議をし、未来について情勢分析をする。科学や美術が話題になることもあり、会話が途切れることはけっしてない。カナダ人、つまりカナダのクレオールたちは生まれたときから自由な空気を吸っているので、人づきあいにおいてとても感じがよい。しかも、ほかのどこよりもフランス語を純粋に話す。ここにはまったく訛りがない」。一〇年後、アカデミー・フランセーズ会員のピエール＝オリヴィエ・トゥリエ・ドリヴェ〔一六八七—一七六八、フランスの文法学者、翻訳家〕はこうつけ加える。「カナダにオペラの総譜を送れば、ケベックでは一音一音丁寧に、パリと同じ音色で歌われるだろう。しかし、ボルドー〔フランス西岸の都市〕やモンペリエ〔南仏の都市〕に会話の一文を送っても、一音節ずつパリと同じように発音させることはできないだろう」。とはいえ、カナダ人の言葉が彼ら独特の新しい語や表現で豊かになることが妨げられているわけではない。アブラアム平原の戦い〔フレンチ＝インディアン戦争の最大の山場となった戦い。一七五九年、ケベック市にあるこの平原で英仏の激しい戦闘の末、フランスが敗北した〕に参加する将校ジャン＝バティスト・ダレラック〔一七三七—一七九六〕は、「征服」される直前、住人とかなり接触があり、いくつかの言語的特徴に気づくことになる。「この国には俚言はない」と彼は書いている。「すべてのカナダ人はわれわれと同じフランス語を話す。ただし、『つなぐ』のかわりに『係留する（amarrer）』や、綱だけでなく別のものを引くときにも『曳く（haler）』を使うなど、通常、水夫の言葉から借用された彼ら独特のいくつかの語は例外である。彼らはそこから、（彼らがよく使う）赤い毛糸のつばなし帽のことを言うために『チュク（tuque）』や『フロール（fourole）』のようないくつかの語をつくりあげた。彼らは袋のことを『ポケット（poche）』と言い、プリーツのない小外套のことを『マントレ（mantelet）』、風や雨や雪が多いことを『激しい風・雨・雪（rafale）』、うんざりしたという代わりに『なめされた（tanné）』、足りないものが何もないことを『休業する（chômer）』、午後のことを『昼寝から起きる時間（relevée）』、幸福のことを『幸運（chance）』、瞬間のことを『少量のかけら（miette）』、準備ができていることを『着飾った（paré）』という。もっともありふれているのは、とても骨が折れる難しいことについて、『価値ある（de valeur）』という表現である」。

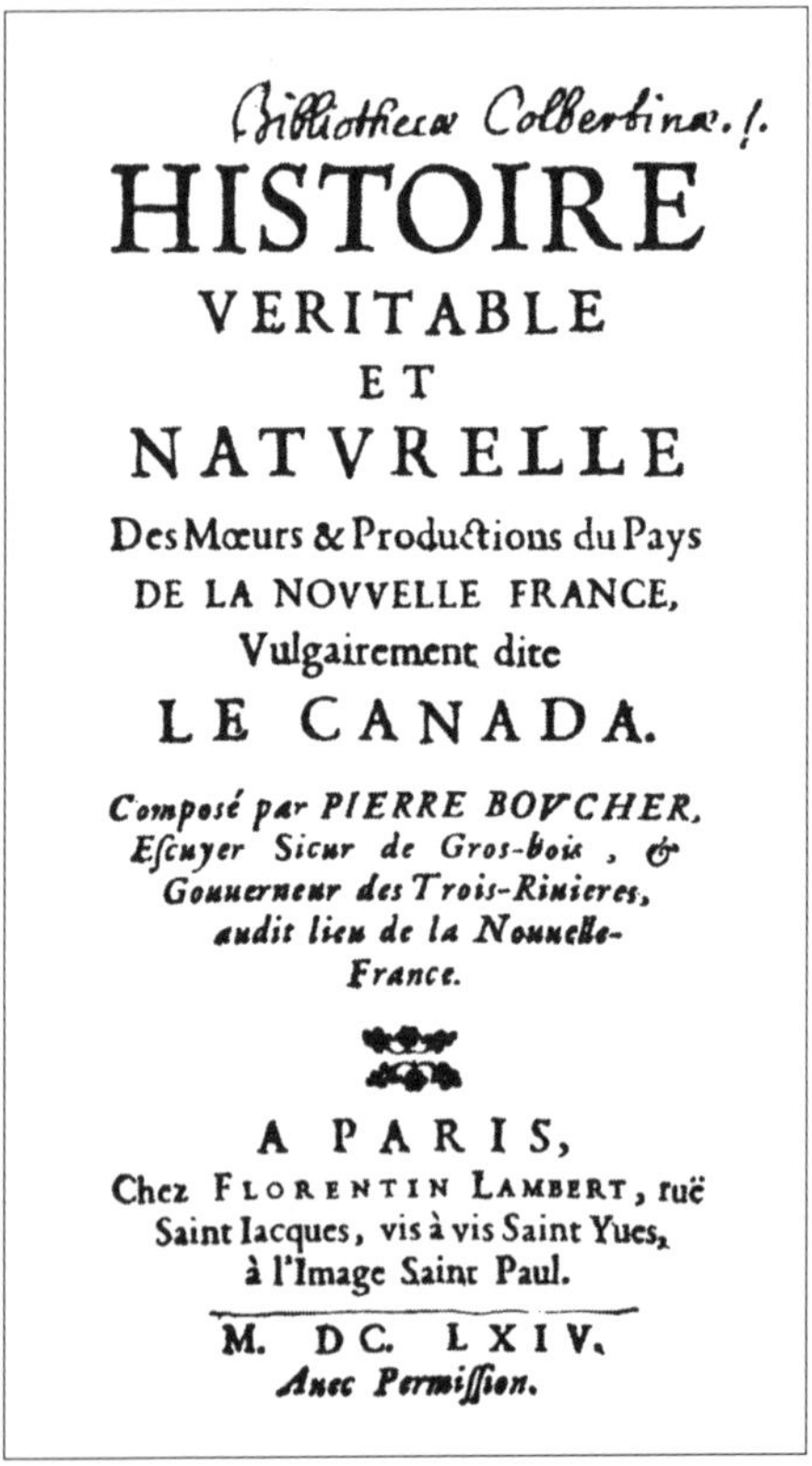

Bibliotheca Colbertinæ. /.

HISTOIRE
VERITABLE
ET
NATVRELLE
Des Mœurs & Productions du Pays
DE LA NOVVELLE FRANCE,
Vulgairement dite
LE CANADA.

Composé par PIERRE BOVCHER,
Escuyer Sieur de Gros-bois, &
Gouuerneur des Trois-Riuieres,
audit lieu de la Nouuelle-
France.

A PARIS,
Chez FLORENTIN LAMBERT, ruë
Saint Iacques, vis à vis Saint Yues,
à l'Image Saint Paul.

M. DC. LXIV.
Auec Permission.

ピエール・ブシェはヌーヴェル・フランスに移住したいと思っているフランス人のために，そしてヌーヴェル・フランスをよりよく知ってもらうために，168 ページの短い著作を書いた。

第四章　容赦ない征服へ——イギリスによる支配（一七一三—一七六〇年）

ユトレヒト条約〔一七一三年、スペイン継承戦争・アン女王戦争の講和条約。イギリスとフランス・スペインなどの間で締結された〕によりヌーヴェル・フランスは領土の多くを失った。この時点で大切なことは、植民地を強化し、フランス勢の絶滅をもくろむニューイングランドにできるだけ長く対抗することだった。ヌーヴェル・フランス内の他地域へ移住するようアカディ〔北米東部大西洋岸（現在の米国メーン州、カナダ・ノヴァスコシア州を中心とする地域）のフランス植民地。ユトレヒト条約でイギリスに譲渡された〕の人びとに圧力がかけられたが、ほとんど成功しなかった。ロワイヤル島〔現在のケープ・ブレトン島〕のルイブールに要塞を建設すれば、イギリスの攻撃から効果的に防衛ができると主張されたが、長い目で見れば、いわゆる「アメリカのジブラルタル」と呼ばれるこの要塞が有効な防衛手段ではないことはすぐにわかることだった。ヌーヴェル・フランス総督シャルル・ド・ボアルノワ・ド・ラ・ボワッシュ〔一六七一—一七四九、一七二六年から一七四六年までヌーヴェル・フランスの総督を務めたフランス海軍士官〕はこのことをよく理解しており、次のように述べた。「イギリスが全軍でケベックに攻め込んで来ることがあっても、ロワイヤル島では知るよしもなく、たとえ知ることができても何ができるだろう」。

そこでケベックとモンレアルの都市要塞化が急務となった。ケベックではロワイヤルとドーフィヌという二つの新しい堡塁が建設された。一七二〇年には、計画された工事はいずれもまだ完成には程遠い状況であったが、自衛できる都市という印象を与えるようにはなっていた。少なくとも歴史家シャルルヴォワ〔五〇頁参照〕はこう記している。「ケベックの要塞化は定期的には進められていないが、改善するための工事が長年行われてきた。現状、この町を攻撃することは容易ではない。港は二つの堡塁で囲まれ、地面から二五フィート高くなっている。春分・秋分の満潮時にほぼこの高さまで波が来るからである。右側の堡塁の少し上には、岩をくりぬいた半堡塁が作られ、さらに上の砦の回廊の横には、二五門の大砲が設置されている。その上にはシタデルと呼ばれる小さな四角い砦があり、砦から砦に行くための道は非常な急勾配である。これらに加えて、サンシャルル川沿いとディアマン岬付近にも防衛施設を建設中である」。

ケベックにとっての主な脅威は、サンローラン河からの敵の軍船の攻撃だったが、モンレアルではリシュリュー川が主な侵入経路となった。そのためこの地域の強化が重視され、杉の生垣を石垣に変えることが決定された。ケベックでは要塞の建設費は王室の予算により負担されたが、モンレアルでは市民や周辺地域の住民が、労働と一種の税金によって貢献を求められた。住民らはこのやり方に納得せず、不満を表明した。こうして一七一七年の夏、ロングイユ村〔サンローラン河を挟みモンレアルの対岸にある村〕の男たちは就労を拒否し、一部が逮捕され、数カ月間投獄された。

モンレアルの要塞は一七三〇年代末にようやく完成した。歴史家のジャン＝クロード・ロベールはその堂々たる全貌を以下のように描写している。「要塞は、全長三五〇〇メートルに及び、城塞と横壁で連結された一三の堡塁からなる一四の防御線から構成されている。壁の高さは約六メートルで、二メートルごとに銃眼が開き、川側は陸側より薄壁である。港の潮流や浅瀬の形状から言って水上からの攻撃は考えにくく、いずれにせよ、攻撃速度が抑えられることで街の砲兵たちの守りは容易になるだろう。陸側には幅六〇メートルを超える堀と斜堤が配されている。周囲には一六の門と隠し門が設けられ、うち一〇の門はサンローラン河に面していた。広い門は荷車が通行でき、隠し門は住民や軍人の通行に利用された」。

シャンプラン湖地域とサンローラン河上流地域の両方に新しい砦が建設された。なかにはフランスとイギリスの砦が対峙する場所もあった。これらの場所は防衛の要所であると同時に、毛皮の交易所でもあった。ピエール・ゴルティエ・ド・ヴァレンヌ・エ・ド・ラ・ヴェランドリー〔一六八五―一七四九、フランス系カナダ人探検家〕が西部探索を進めたのは、新たな調達経路を発見する必要があり、また中国への航路探索を継続するためだった。ロッキー山脈への長期遠征の資金は、王室の予算ではなく、交易による収入で賄われた。この遠征の先々に砦が建設されていった。新たな先住民との交流が図られ、彼らと同盟を結んだために、シユー〔北米先住民の一民族。日本語では一般に「スー族」として知られている〕がラ・ヴェランドリー部隊と敵対することになった。一七三六年には、ラ・ヴェランドリーの長男を含む数人の交易者が彼らにより殺害された。とはいえ、先住民の協力がなければ、彼らの遠征はおそらく実現できなかっただろう。その二年後、ミズーリ川上流に暮らすマンダン族から、対岸が見えないほどの広大な水域があり「その水は飲めない」という情報を得た。その水域が中国に通じるヴェルメイユ海であると確信したラ・ヴェランドリーは、息子のルイ＝ジョゼフに、北緯四九度以南のこの地域の探検を命じた。一七四三年一月一日、ルイ＝ジョゼフは「一面に山の見える場所」に到着した。白人がロッキー山脈に到達したのは、おそらくこの時が初めてのことであろう。

十八世紀前半には毛皮はもはやヌーヴェル・フランス経済の唯一の基盤ではなくなった。植民地総督や行政長官《アンダンダン》は、採掘できる鉱山があるかどうかの調査を試みた。先住民の話から、スペリオル湖周辺に銅山があることが知られていた。鑑定のため、鉱石がフランスに送られ、その純度が九〇パーセント程度であることがわかった。人びとの驚きは大きく、パリ造幣局の専門家たちは「フランスに送られた銅鉱石は自然の状態ではなく、すでに製錬されている」と確信したほどである。この鉱床の商業採掘が開始されるのは、一八四〇年代に入ってからのことである。サンポール湾で発見された鉛鉱山については、一七四九年にこの地を訪れたスウェーデンの学者ペール・カルム〔一七一六―一七七九、博物学者、探検家〕を熱狂させることはなかった。「この鉱石は採掘に値しないことは明らかだ。まず、鉱脈がかなり狭窄しており、側面にある硬い花崗岩を砕くのに相当な労力を要する。また、この鉱石はかなり貧弱で、必要となるコスト、とくにこの地域の労働コストを賄うには程遠い」。とりわけ植民地には採掘を専門とする労働者がいなかったため、この鉱山の開発は問題外であった。

トロワリヴィエール地方で発見された鉄鉱床については異なる展開となった。すでにジャン・タロン〔三一頁参照〕の時代に、数樽の鉱石がフランスに送られ、この地に溶鉄所を作ることが望ましいかどうかが調べられていた。結果は肯定的なものであった。フロントナック総督〔三六頁参照〕が赴任直後の一六七二年、マドレーヌ岬とシャンプラン地域で新たな鉄鉱床が発見された。それらを採掘するためには財務総監コルベール〔二九頁参照〕の同意が必要であったが、同意は得られなかった。一七一七年、モルパ大臣〔一七〇一―一七八一、ルイ十四世、十五世のもとで国務大臣を務めた政治家〕の回答は明快だった。「国王陛下は鉄鉱石採掘を適切とは考えておられない。フランスに、カナダ全土をまかなえるほどの量があるのだから」。植民地の産物がフランスでの生産品に不利益をもたらしてはならないという重商主義が、ここでも有効であった。

一七三〇年三月、モンレアルの商人フランソワ・プーラン・ド・フランシュヴィル〔一六九二―一七三三〕が、トロワリヴィエール地域にある鉱床採掘の特許を取得した。彼は、いくつかの特権と引き換えに、自費で溶鉄所を開設することを約束したため、フランス当局が態度を変えたのである。しかし、資金繰りや熟練工の確保が難航したため着工が遅れ、溶鉄炉が正式に稼働したのは一七三八年八月二十日のことである。すぐに深刻な財政問題が発生したため、ジル・オカール行政長官〔一六九四―一七八三、在職期間一七二九―一七四八〕は、この施設を閉鎖の危機から救うために資金を補助し、国営企業とした。ずさんな経営と職工と鍛冶棟梁のあいだの緊張関係が、倒産の主な理由だった。しかし、このサンモリス溶鉄所にはその後も問題が残っていた。トロワリヴィエール地方総督のフランソワ＝ピエール・リゴー・ド・ヴォードルイユ〔一七〇三―一七七九〕は、一七四九年九月にこう書いている。「出費は桁外れで、管理が悪い。炉で木材が消費されるが、伐採の仕方が悪いことに加え、大量に野生する角のある動物に齧られて、本来なら石炭の材料になるはずの木材が失われてしまう。棟梁が何人もいるが、本来は、有能で私利私欲がなく、職工からも検査官からも頼りにされるような棟梁がただ一人いればよいのだ」。

　このサンモリス溶鉄所はヌーヴェル・フランスのもっとも重要な産業であった。数百人を雇用し、鋤の刃、鍋、ストーブ、ストーブ板、砲弾、大砲などを生産した。スウェーデン人探検家カルムは、「カナダで唯一の施設だ」と感嘆し、「溶鉄所にはいくつかの建物があり、二基の重錘《ドロップハンマー》が、それぞれ専用の建物に配されている。それぞれの建物には大きなハンマーと、もう一つ小さなハンマーがあり、ふいごは木製だが、その他はすべて我が国スウェーデンのものと同じ作りである。重錘のすぐ横に置かれた溶鉄炉も、やはり我が国と同様に設計されている」と書いている。

十八世紀初頭からは林業が重要になっていった。造船では、マストに松や樅、竜骨《キール》に白樺、板材にツガ、垂木にトネリコが使われた。ケベックでは、キュドサックの西にあるアンス・デ・メールや、サンシャルル川河岸にいくつかの造船所が作られた。そこでは軍艦が建造されることもあった。造船所建設には、しばしば国王の力添えが必要だった。国王の理解なしにこの経済分野は存在しなかっただろう。歴史家のジャック・マチューは次のように書いている。「実際、ケベックの造船業は、その資本、目的、方法、労働者監督からして、つまりはその性質からして、本国の産業であった。最重要レベルの決定はフランスで行われ、それは植民地のためではなく、本国のために考えられ、本国にとって有益なものであった。こうしてモルパ大臣は、ヌーヴェル・フランスの森林資源に適さない造船を行政長官に押し付けたのだが、フランスのやり方をカナダの事情に合わせることは成功しなかった。フランスから来た専門職工らは、カナダ人を自閉状態から抜け出させようとはしなかった。（……）人びとは十八世紀半ばのヌーヴェル・フランスの産業の可能性を大きく見積もりすぎたのだ」。

経済活動のほとんどの分野で、さまざまな問題が起こっていた。人手、能力、財源、その他の問題である。手早く儲けたいという欲望が、金の卵を産むガチョウを殺してしまうことがある。イエズス会のジョゼフ＝フランソワ・ラフィトー〔一六八一―一七四六、カナダではじめて活動したイエズス会宣教師〕は、アジアで活動する同僚宣教師からの手紙で、中国人が媚薬効果のある植物、オタネニンジン〔高麗人参ともよばれる〕を高く評価し、韓国から大量に輸入していることを知った。ラフィトーは、この植物がサンローラン河流域に存在することを確信した。実際、イロクォイはすでに「女性を妊娠させる効果」のあるオタネニンジンを使用していたのである。一七一八年、ラフィトーはこの件に関する覚書をオルレアン公フィリップ二世〔一七一五年から一七二三年までルイ十五世の摂政を務めた〕へ送った。働きかけが功を奏し、この植物の探索が開始された。その価格は急速に上昇し、数年後には二五倍になった。一七五一年の一年間だけでも、フランスに大量に輸出された。しかし、利益追求のため、住民は収穫や乾燥の期間を守らなかった。植物の効能を保つためには、九月に収穫し、一日に何度も回転させながらゆっくりと乾燥させなくてはならない。ところが、カナダ人たちはより早く収入を得るために、五月に収穫し、かまどで乾燥させるという方法をとったのである。そのため、媚薬の効能は失われてしまい、中国人はカナダからのオタネニンジンの購入をやめてしまった。厖大な富をもたらす可能性があったこの産業は、一七五二年には消滅した。技術者のルイ・フランケ〔一六九七―一七六八、ヌーヴェル・フランスの要塞調査と地図作成を行った陸軍士官〕は、この悲劇に早い時期に気づき、同年に以下のように書いている。「先住民を含めて、田舎の人びとは皆、夢中になるがあまり、すべてを怠っている。彼らは熱狂状態にあって、残念なことに、（植物が）熟すまで待たずに摘んでしまう。それゆえ、その質は低下し、この国を豊かにする可能性がもっとも高い産物の一つを失うことになるだろう」。

幸いなことに、漁業部門が残っていた。鱈は常にもっとも人気のある魚の一つであり、アカディとニューファンドランドが失われたことが、ガスペ半島の漁業の発展に有利に働いた。「ガスペ半島の干し鱈の重要性によって、この地方ではカナダの他の地域とは明らかに異なる社会が形成され、生活様式が多様化されていた。パボ〔現在のシャンドレール市、ガスペ半島でガスペ市に次ぎ人口の多い自治体〕の住民は、ヌーヴェル・フランスの他の地域の住民よりも健康で、生活水準が高かったようだ」と歴史家のデイヴィッド・リーは述べている。リヴィエール・ウエル〔ケベック州東部カムラスカ地方の自治体〕では、油や革を取るためのネズミイルカ漁が重要な役割を担っていた。アザラシの皮は主にマフ〔両手を入れる筒状の防寒具〕に使われた。

経済のほとんどの部門は、戦時よりも平和時の方がうまく機能するだろう。しかし、一七四四年三月中旬、フランスとイギリスの間で新たな戦争が勃発した。オーストリア皇帝の死後、継承権をめぐっての戦争であった。わずか一年後、ルイブール要塞は、四七日間の包囲の後、降伏を余儀なくされた。脅威におののくケベックの人びとはこの要塞の奪還を願った。技術者のガスパール＝ジョゼフ・ショスグロ・ド・レリー〔一七二一―一七九七、軍事技術者。ロワール・カナダの政治家としても活躍した〕にとって、「ルイブールの陥落は海軍全体の関心事であり、ヌーヴェル・フランス植民地はイギリス人の手に落ちる恐れがある。（……）国王がこの地をイギリス人に委ねないことを、国中が望んでいる」。しかし、要塞奪回の試みは失敗に終わった。

サンローラン河流域では、イギリス軍の襲来が恐れられていた。レヴィ〔サンローラン河を挟みケベック市の南の対岸に

〔ある都市〕とリムスキ〔二二頁参照〕の間に河岸監視システムが配置された。イギリス人へ恐怖を与えるため、ヌーヴェル・フランスと同盟関係にある先住民がイギリス入植地を襲撃し、頭皮を持ち帰った。このような野蛮な行為はニューイングランド当局を憤らせたが、どちらの陣営でも敵の頭皮が売買されていた。

「植民地が要塞化を望むなら、住民がその対価を払わなければならない」と、モルパ大臣は語った。幸いなことに、一七四八年十月二十八日にエクス・ラ・シャペルで和平条約が締結され、その条項に従って、紛争前の状況に戻されることになった。このことから「平和のようにばかげている」〔戦いの意味がなかったことを揶揄する成句〕という表現が生まれた。ルイブール要塞はフランスに返還された。

人びとはこの後の平和が一時的なものであることを感じていた。イギリス政府にとっても、ニューイングランド植民地当局にとっても、戦いに決着をつけ、ヌーヴェル・フランス問題を解決する必要があった。英仏両陣営ともに兵力を強化し、新たな砦を築いた。アカディでの緊張が高まっていった。大多数のアカディ人は、イギリス植民地防衛のために武器を取らされることを嫌い、イギリスへ無条件で宣誓することを望まなかったため、何十年も入植してきた土地でよそ者となり、アカディでは少数派であったイギリス人にとって常なる脅威となる恐れがあった。とりわけ、彼らの土地はハリファックス近郊に新たに入植したイギリス人たちの垂涎の的であった。一七五五年、彼らを主にニューイングランドに強制移住させることが決定された。この決定に対して、フランス本国でもケベックでもほとんど抗議の声が上がることはなかった。そればかりか、一七五七年にサンローラン河流域が深刻な飢饉に見舞われたとき、フランス領に避難しようとするアカディ人に対して国境を閉鎖することを要求する声さえあったのである。アカディ人避難民には病人が多く、食べ物も持ち合わせないため、多数の死者を出すであろうことが非難されたのである。

七年戦争が正式に始まったのは一七五六年であるが、北米では二年前から戦闘が繰り広げられていた。興味深いことに、この戦争は交戦国のそれぞれで呼び名が異なっていた。フランス人にとっては「七年戦争」、ヌーヴェル・フランスの住人にとっては「征服戦争」であり、イギリス人には、本国においてもニューイングランドにおいても「フレンチ＝インディアン戦争」と呼ばれている。

最初の衝突は一七五四年七月、オハイオ渓谷で起こり、カナダと先住民とが勝利を収めた。戦争が始まると、ヨーロッパの戦略が、カナダ人や一部のニューイングランド民兵が採用した戦略と対立した。正規兵にとっては、太鼓の音に合わせて、平坦な地形を整列して進み、命令を待って発砲することが重要であった。民兵や先住民にとって、もっとも重要なことは、地の利を最大限に活用することであった。彼らは木の陰に隠れ、銃を乱射することをためらわなかった。あるイギリス将校は、北アメリカ流の戦法を「殺人」と表現した。

一六六九年以来、十六歳から六十歳までの健常なカナダ人男性はすべて義勇軍に参加していた。隊長の指揮のもと、決められた時期に武器を扱う訓練を行わなければならない。徴兵された場合、出頭しなければ死刑となる。さらに、各自が自分の軍服をあつらえ、食料を調達しなくてはならない。夏場に召集されることが多いため、農作業に出られず、脱走者も少なくなかった。それでも正規軍将校のなかには、このような兵士に長所を見出す者もあった。「カナダ人は軽快な兵隊たちだと言えるだろう」とルイ＝ギヨーム・ド・パルスコ・デュ・プレシ中尉〔一七二五―一七八六、フランスの軍士官〕は妻に書き送っている。「彼らは野蛮人のやり方で戦争をするが、開けた場所で攻撃するよりも敵を奇襲し待ち伏せするのに適している。彼らは頑強で、幼い頃から森を駆け巡り、狩りの疲れに耐えることに慣れている。イギリス人は、それほどの警戒心も勇敢さも持たず、カナダ人のように森の中で戦う訓練をしていないので、いつも不意打ちを食らうことになる。つねに私たちが優位に立つことができるのだ。イギリス人のように砦に閉じこもらないかぎり、この地の全面を覆う森の中で戦うしかないのだから」。

対抗する二国間に開戦が宣言される前にすでに、ルイ＝ジョゼフ・ド・モンカルム侯爵〔一七一二―一七五九、フランスの軍人〕が、元帥として、北アメリカのフランス軍司令官に任命されていた。カナダ人として初めて総督の地位についたピエール・リゴー・ド・ヴォードルイユ＝カヴァニャル〔一六九八―一七七八〕と、モンカルムのいずれが最高権限を持つのだろうか。ルイ十五世はこの点について次のように明言している。「一言で言えば、軍事作戦においてすべてを決定し、命令するのは総督である。モンカルム侯爵は、総督の命令通りに実行する義務がある。ただし、彼は、実行を命じられた計画について、適切と思われる方法を取ることができる。しかし、彼の方法に従わず、作戦を続けることに理があると総督が判断する場合には、モンカルム侯爵は異議を唱えることなく、また遅滞なくそれに応じるべきである」。フランス人将軍にとって、カナダ人総督に従うことは受け入れがたいことであった。

モンカルムは、正規軍兵士の傍らで、カナダ民兵のなかに先住民がいることを快く思っていなかった。先住民を掌握することは難しいと考えたのである。彼は、一七五六年十月二十日の日記にこう書いている。「彼らは集まり、自分たちだけで時間をかけて審議する。また大隊を好み、一斉に同じ側で動きたがる。決心してから実行するまでには、かなり時間がかかる。ある部族《ネイション》が行軍を止めたかと思えば、今度は別の部族《ネイション》がそうする。全員に酔いが回るまで待たなくてはならないのだが、大量の酒を消費する。ようやく出陣すると、攻撃をはじめてすぐに、髪の毛の一房か捕虜一人を取っただけで、村へ戻ってしまう。そうするとしばらくの間、軍隊には先住民がいない状態が続く。各人にはそれでよいのだろうが、軍事作戦には苦労する。というのも、彼らは必要悪だからだ。これらの蚊〔先住民のこと〕は一度に決まった数だけいるのが良く、交代してつねに一定数が存在するのが良い」。フランス人将校らは結局のところ、軍事の適切な遂行に先住民の存在が必要であることを認めざるを得なかった。フランソワ・ビゴー行政長官〔一七〇三―一七七八、ヌーヴェル・フランス最後の行政長官〕とその部下たちは、軍隊に必要な食料のすべてを調達することを命じられた。住民は彼らが決めた値段で家畜や作物を売ることを義務づけられたが、彼らはそれを国王に転売することで、莫大とは言わないまでも、かなりの利益を上げたのである。物価が上がったばかりでなく、食料も不足するようになった。一七五七年以降、ヌーヴェル・フランス植民地には食料危機が広がった。九月十四日、モンカルムは日記にこう記している。「兵士への配給は、一日に半ポンドのパンと四分の一ポンドの豆、週に六ポンドの生牛肉と二ポンドの鱈である。このままでは維持できず、やがて馬を少し出さざるを得なくなるのではと懸念される。牛脂を不足させるわけにはいかないし、牛は一年のうちでもっともよい状態で、もっとも役に立つ時期であるため、今は提供しない」。

多くの住民は、食料危機は人為的なもので、「ビゴーの一味」が物価上昇を期待してわざと食料不足を作り出そうと画策しているのだと考えていた。人びとは不満を表明し、抗議活動を開始した。牛肉が次第に希少になるなか、田舎では馬が過剰であり、ビゴーの試算では三〇〇〇頭に上った。役人も軍人もそろって、兵士や一般の人びとに馬肉を食べさせようとした。ヴォードルイユ、ビゴー、モンカルム、そしてフランソワ＝ガストン・ド・レヴィ准将〔一七一九―一七八七、ヌーヴェル・フランスで活躍したフランス軍人〕は、手本となるべく一七五七年十二月四日に馬肉の食事会を企画したのである。振舞われたのは「スペイン風馬のパテ、馬のアラモード、馬のエスカロップ、練胡椒を添えた馬のフィレの串焼き、馬の外もも肉グラタン、馬タンのミロトン煮込み、馬の冷製サラダ、馬タン・スモーク、馬ケーキ（ウサギのケーキのようなもの）」である。兵士と住民らにこの肉を食べるように説得しなければならなかった。レヴィは、馬肉料理を断れば絞首刑になるという脅しさえした。しかしカナダ人たちはさらに激しく反発した。「親友を食べることを強要されるなんて、ありえない！」と。ケベックやモンレアルの街では飢餓状態が続いた。翌年にはパンを求める女性たちのデモが行われた。パンの値段は高騰を続け、品質も低下していた。

戦局はイギリス人たちに有利となる一方であった。イギリス首相ウィリアム・ピット〔一七五九－一八〇六、一七八三年から一八〇一年までにグレートブリテン王国首相、一八〇四年から一八〇六年までイギリス首相を務めた〕は、フランスとの戦争にはアメリカ大陸で勝利が得られるだろうと考えていた。一七五八年にニューイングランドには、正規兵一万二〇〇〇人と民兵二万一〇〇〇人、計三万三〇〇〇人の兵力が配置されていた。他方、フランス国王は、戦争の勝敗はヨーロッパで決まると確信していた。そのため、同年、ヌーヴェル・フランスには正規兵が六八〇〇人しかおらず、加えて民兵が数千人であった。当時、アメリカ大陸のイギリス植民地にはフランス植民地の二〇倍もの人口があった。

開戦以来、勝敗は五分五分だった。しかし、一七五八年に風向きが変わった。七月、カリヨン〔現在のニューヨーク州タイコンデロガ〕で、モンカルムは最後の大勝利を収めた。この勝利は誇張され、一部のフランス系の人びとにとって神話化されることになる。しかし数日後、ルイブール要塞がイギリス軍の手に落ちた。当時、「アメリカ大陸での陸軍准将」という仮の称号を与えられていたジェームズ・ウルフ〔一七二七—一七五九〕は、陸からの攻撃を命じた。彼は、サンローラン河流域でカナダ軍を壊滅させることだけを望んでいた。八月八日、彼はジェフリー・アマースト将軍〔一七一七—一七九七〕へ次のような手紙を送っている。「私はカナダ人たちのあの地獄のような群れが、血なまぐさい侵略を行うのを冷静に見ていることはできない。われわれがこれ以上何もできないのであれば、自分は軍を辞するしかないだろう」。彼は当面のあいだガスペジーのフランス人入植地の破壊を命じられていた。「われわれは多くの損害を与え、ガスペ湾全域で国王軍に対する恐怖を広めた。しかし、国王の名声を高めることは何もしなかった」。

一七五九年の初め、将校ルイ＝アントワーヌ・ド・ブーガンヴィル〔一七二九—一八一一、フランスの航海者・探検家・数学者・軍人。南太平洋地域を探検したことで知られる〕は、フランス海軍大臣ニコラ＝ルネ・ベリエ〔一七〇三—一七六二、フランスの政治家〕に援軍を要請した。「家が火事のとき、厩舎を救おうとはしないものだ」というのが彼の答えだった。ブーガンヴィルは「この可哀そうな厩舎のために、私は四〇〇人の新兵とわずかな軍需品しか手に入れることができないのだ」と皮肉った。モンカルムの望みどおりに、軍はどんどんケベックへと後退していった。彼は前年十月二十日から中将の地位を得ており、階級的にはヴォードルイユ総督の上司であったが、二人のあいだに存在した敵意が薄まることはなかった。

ヌーヴェル・フランスの首都（ケベック）が、イギリスの次の攻撃目標となることはわかっていた。チャールズ・サンダース提督〔一七一五―一七七五〕が指揮する敵艦隊は、大型艦二九隻、フリゲート艦とコルベット艦一二隻、臼砲装備のケッチ型帆船二隻、輸送船八〇隻、小型ボートやスクーナー帆船五〇～六〇隻という大艦隊であり、約一九〇〇門の大砲で武装していた。船にはウルフ率いる八五〇〇人の兵士と一万三五〇〇人の海員、船員が乗り、他の乗員と合わせると、総勢三万人になる。これは、モンカルムの手持ちの兵力に比べれば、圧倒的多数であった。モンカルムの軍は、正規兵、海軍兵、民兵を含む約一万五〇〇〇人から成り、民兵らは一〇〇〇人ほどの先住民の助けを借りることができた。

　コート・デュ・シュッド〔ケベック南岸〕に住む女性や子どものほとんどは、内陸に避難した。オルレアン島からは、住民の大半が退避し、イギリス軍がこの島に陣地を構えることとなった。六月二十七日、ウルフはサンローラン教区の教会の扉に最初の告知文を掲示した。そこには、彼の意図するところが示されていた。「住民は親族や自分の家にもどって来ることが許される。私は彼らに保護を約束し、彼らが少しの妨害も恐れることなく、自らの財産を享受し、宗教の礼拝に従うことができることを保証する。つまり、戦闘に直接的、間接的に参加しないことを約束すれば、戦争中においても平和の完全な穏やかさを得ることができるのである。戦争は二つの王室だけにかかわる争いである。反対に、見当違いの頑固さと軽率で無益な武勇心によって武器を取ることになれば、戦争がもたらすこの上ない残酷さのすべてを被ることを覚悟しなくてはならない。抑えのきかない兵士の怒りがどれほど度を越しているかは、容易に想像がつくことだろう。われわれの命令だけがその暴走を止めることができるのであり、カナダの人びとは自らの行動しだいでそのような恩恵を得られるのである」。二日後には同じ告知文がボーモンの教会の扉にも掲示された。

イギリス軍はレヴィ岬に陣取り、ケベックに大砲を向けた。六月三十日、ケベックでは開戦以来初めて門が閉じられた。数日後、今度はモンモランシー川〔ケベックを流れるサンローラン河支流〕左岸にイギリス軍が上陸した。彼らがボポール〔二三頁参照〕を攻撃することを確信したモンカルムは、この地区に陣を敷いた。

ケベックから住民の一部が退避し、七月十二日夜から砲撃が始まった。九月十三日まで、ほぼ毎晩攻撃が繰り返された。一週間もたたないうちに、約二五〇軒の家屋が爆撃により焼失、または破壊された。ヌーヴィル〔ケベックの西に位置する町〕近郊の小さな村ポワント・オ・トランブルに四〇〇人の擲弾兵が上陸した際、約二〇〇人の女性や子どもが捕虜となった。その中には、ケベックから疎開中のブルジョワの女性たちもいた。ウルフは彼女らをケベックに連れ帰り、フーロン湾で下船させた。このことから、イギリス軍がアブラアム平原〔五〇頁参照〕に問題なく到達できる道を使っていたことがわかった。イギリス人将軍の船には、前年の五月初めにケベックからの逃亡に成功した諜報員、ロバート・ストボ〔一七二六―一七七〇、スコットランド生まれのアメリカ入植者で兵士。ケベックでスパイとして有罪判決を受けた〕が乗っていたのだろう。逃亡しないことを約束し市中で自由に生活していた彼は、そのような小道の存在を確実に知っていたのだ。ウルフは、そのような情報をすべて考慮して戦略を判断したのである。

ウルフ将軍の告知にもかかわらず、何百人ものカナダ人が定期的に敵陣への執拗な攻撃を続けていた。兵士らは殺され、頭皮を剥がされた。ニューイングランド部隊も同様の行為を行った。ウルフは「敵がインディアンか、インディアンの格好をしたカナダ人である場合を除き」、この行為を禁止した。カナダ人たちが中立を守らないことから、ウルフはショディエール川〔サンローラン河の支流〕からカムラスカ〔ケベックの北東約一〇〇キロに位置するサンローラン河南岸の町〕までの地域の破壊を命じた。七月二十五日、彼はサンアンリ・ドローゾン〔ケベック対岸の町〕の教会の扉に次のように掲示をさせた。「将軍閣下は、先月二十七日の掲示に対するカナダ住民の配慮のなさに立腹し、惨禍のなかで目のくらんだ人びとを救済しようという人道的感情に、もはや耳を傾けないことにした。カナダの人びとは、彼が提示した有利な条件に値しないことを、行動によって示している。このため、軽騎兵司令官や他の諸将に対し、進軍し、住民と家畜を捕らえて連行し、適当と思われるものを破壊するよう命じた」。

ジョージ・スコット将校は一六〇〇人の部下を指揮し、建物や農作物を破壊した。九月十九日の報告書では、「結局のところ、われわれは五二マイルの距離を進軍し、その過程で建物九九八戸、スループ型帆船二隻、スクーナー帆船二隻、ロングボート一〇隻、フラットボートおよび小船各数隻を燃やし、敵の一五名(うち六名が女性、五名が子ども)を捕虜とし、五名を殺害した。当方正規兵に負傷者一名、レンジャー部隊に死者二名、負傷者四名の犠牲があった」と総括している。

両軍の間には、大規模な交戦はほとんどなかった。七月三十一日、ウルフ将軍はモンモランシー川への上陸を試みた。しかし、彼の部下たちは大きな被害を出し撃退された。ウルフ将軍の健康状態が悪かったことも、イギリス軍の停滞の一因となった。八月三十一日、将軍は母親にこう書き送った。「私の敵は賢明にも、近づきがたい塹壕の背後に身を隠しているので、大量の流血なしには近づくことができず、近づいてもおそらくほとんど成果を得ることはできないでしょう。敵将のモンカルム侯爵は大勢の不良兵士を抱えており、私の指揮下には彼らと戦うことだけを望む少数の優秀な兵士がいるのですが、用心深いモンカルム氏は自軍の素行を疑い、巧みに行動を避けています」。

フランス軍はボポール側からの攻撃を予想しており、アブラアム平原には小さな警備隊しか置いていなかった。ウルフ将軍はフーロン湾へ上陸することを以前から決めていた。彼は九月十日に、ロバート・モンクトン准将、ジョージ・タウンゼンド准将、サンダース提督にその旨を伝えた。その場所が上陸に適さないと考える将校らに対して、ウルフ将軍は「フランス軍を攻撃するのは私の義務だ」と答えた。「私の知識と能力のかぎりを尽くして、最大の兵力と成功の可能性をもって上陸できる地点を選んだのだ。もし私の判断に誤りがあれば、残念なことであり、国王陛下と国民に対して私の行動とその結果を保証しなくてはならない」。

　上陸は一七五九年九月十三日の夜に行われた。守衛所は簡単に奪取された。五時半にケベック市内に警報が鳴り響いた。一晩中ボポールで敵を待ち続けていた兵士たちは、警報からわずか一時間一五分後にその場を出発した。一〇時少し前に、両軍が対面した。イギリス軍のほうは、戦闘位置に並んだ兵士たちが発射の命令を待っていた。フランス側では、カナダ人や先住民が敵に発砲を始めた。モンカルムはためらい、助手の一人にこう打ち明ける。「戦闘を避けることはできない。敵はすでに大砲二門を持ち、立てこもっている。態勢を整える時間を敵に与えてしまっては、われわれのわずかな兵力で彼らを攻撃することはできないだろう。ブーガンヴィルがこのことを理解しないということがありえるだろうか」。ブーガンヴィルは二〇〇〇人の兵を率い、カップ・ルージュで総督からの命令を待ったが、命令は来なかった。

　交戦は三〇分足らずで終了し、フランス兵、カナダ民兵、先住民が敗走した。ウルフは戦場で死亡し、モンカルムも重傷を負い、翌日の夜に死亡した。彼は、援軍を待ってウルフ軍を挟み撃ちしなかったことを非難されることになるだろう。イギリス将軍のほうでも、部下に撤退の機会を与えないというミスを犯していた。歴史家ギー・フレゴー〔一九一八―一九七七、モンレアル大学、オタワ大学などで教鞭をとった〕は次のように書いている。「九月十三日は『過ちの日』として知られることになるだろう。ウルフが成功したのは、モンカルムが彼以上の失敗をしたためである」。

首都の住民らは抵抗が無意味であると考え、降伏をするよう当局に圧力をかけ、九月十八日に降伏が実現した。しかし、ブーガンヴィルが言うように、まだ完全に負けたわけではなかった。彼は「イギリス人はまだ壁と入口しか占領しておらず、ヌーヴェル・フランス植民地は依然として国王のものだ」と語った。フランス軍はまずポワント・オ・トランブルにまで撤退し、次にジャック・カルティエ川〔ケベック市の南西約三〇キロの地点でサンローラン河へそそぐ支流〕の右岸に向かった。冬の間、いくつかの小競り合いはあったものの、大きな交戦はなかった。モンカルム亡き後、軍を率いるレヴィは、春の開港前にケベックを奪還しようと考えていた。そこで彼はケベックに進撃し、一七六〇年四月二十八日にサントフォワ〔ケベックの西に隣接する町、二〇〇二年ケベック市に合併された〕で戦いが始まった。イギリス軍司令官でケベック地方総督のジェームズ・マレー〔一七二一―一七九四、イギリス陸軍将校〕は、戦いに敗れ、城壁内へ撤退を余儀なくされた。その後、レヴィの部下が要塞の向かい側に陣取り、ケベックへの新たな包囲が開始された。五月九日、イギリス旗を掲げる最初の船が到着した。さらに六日後、三隻の軍艦がケベックを前に錨を下ろした。その後、フランス軍はモンレアルまで退却した。

一七六〇年の夏、イギリス軍三軍隊がモンレアルへと進軍した。あらゆる抵抗は無駄となった。ヴォードルイユ総督は降伏を決意した。交渉の間、勝者は敗者に「戦争の栄誉」を与えることを拒否した。レヴィは旗の引き渡しに応じず、街の対岸にあるサンテレーヌ島で旗を燃やすように命じた。一七五九年九月十八日、ケベックが降伏し、翌年九月八日、今度はヌーヴェル・フランスが降伏した。降伏の条件のひとつに民兵に関するものがあった。「武器を取ったことを、いかなる理由によっても咎めることなく、帰宅させること」というものである。住民には、宗教の自由な行使が認められることとなった。教区司祭への十分の一税の支払い義務については、「国王の意志に従う」とされた。三二条は、「女子修道会は、その構成及び特権を保存しなければならない」と規定している。彼女らはその規律を守り続けるものとし、また兵士の居住先としての使用を免除され、彼女らが実践する信仰を妨げたり、その住居へ立ち入ることは禁止される。彼女らが望むなら庇護が与えられる」としている。男子修道会については、イギリス国王の意向を見極めなければならないが、国王は彼らに好意的ではないだろう。

フランスへの帰国を希望する者は、その許可を得た。いかなるカナダ人もフランス人も領土外へ追放されなかったが、ヌーヴェル・フランスに避難していたアカディ人については同様ではなかった。「かつての臣民を処分するのは国王次第であり、それまでの間はカナダ人と同じ特権を享受することになる」と記されていた。アカディ人らは、フランスの法律を守ることも、新たな戦争が起こったときに中立を保つ権利も保証されなかった。「ニグロ（黒人）とパニ（先住民）」の奴隷については、奴隷のままとされた。

まだすべてが終わったわけではなかった。講和条約締結に向けての交渉がどのような展開となるかはわからなかった。希望を持ち続ける人もいた。

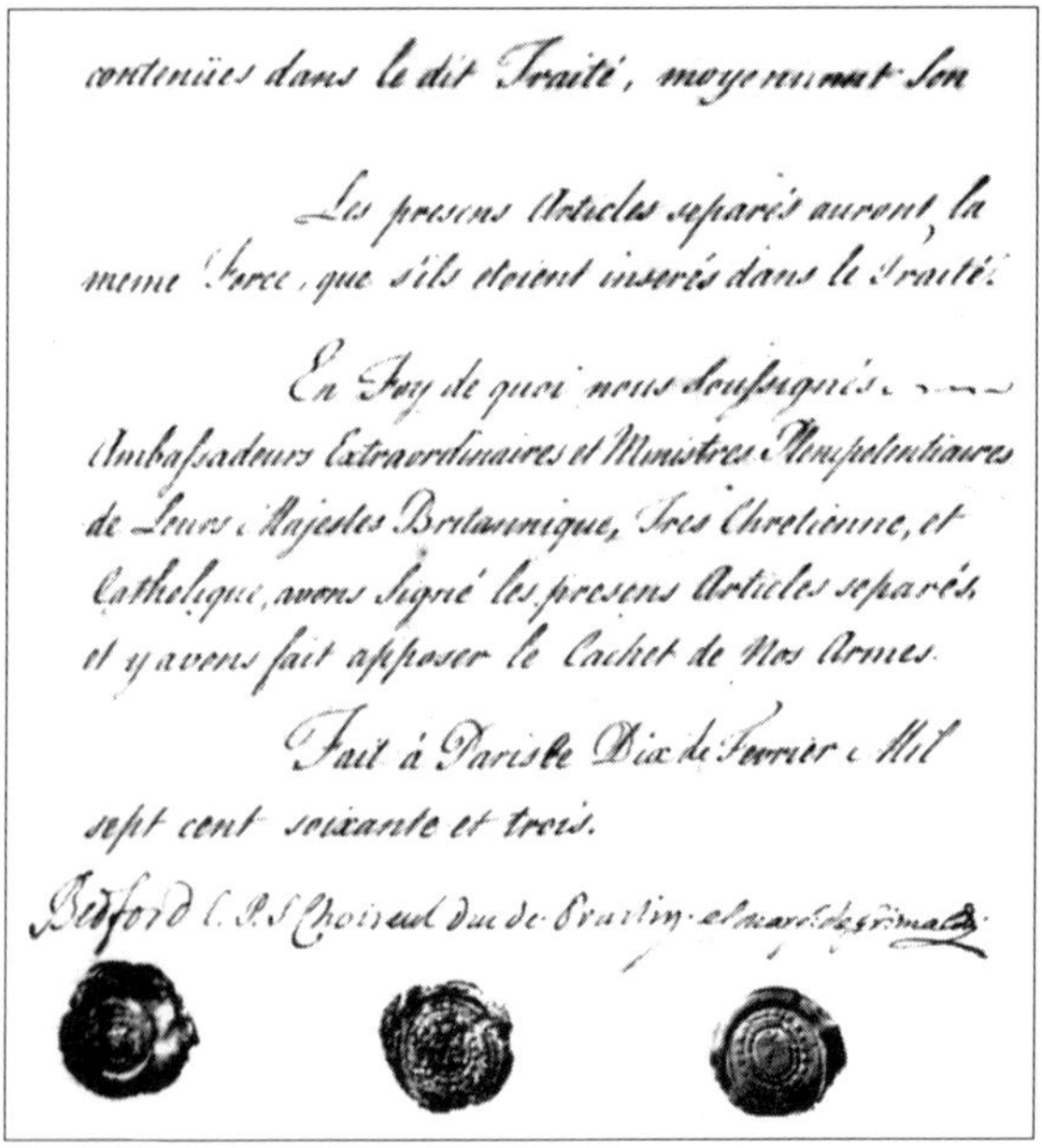
contenües dans le dit Traité, moyennant Son

Les presens Articles separés auront, la meme Force, que s'ils étoient inserés dans le Traité.

En Foy de quoi nous Soussignés Ambassadeurs Extraordinaires et Ministres Plenipotentiaires de Leurs Majestés Britannique, Tres Chretienne, et Catholique, avons Signé les presens Articles separés, et y avons fait apposer le Cachet de Nos Armes.

Fait à Paris le Dix de Fevrier Mil sept cent soixante et trois.

Bedford C. P. S. Choiseul Duc de Praslin el marq. de Grimaldi

1763年2月10日，フランス王ルイ15世，イギリス王ジョージ3世，スペイン王カルロス3世，ポルトガル王ジョゼ1世は，パリ条約によって七年戦争に終止符を打った。サンローラン河流域をイギリスへ植民地として明け渡す条約が，フランス語だけで書かれていたことが特筆される。

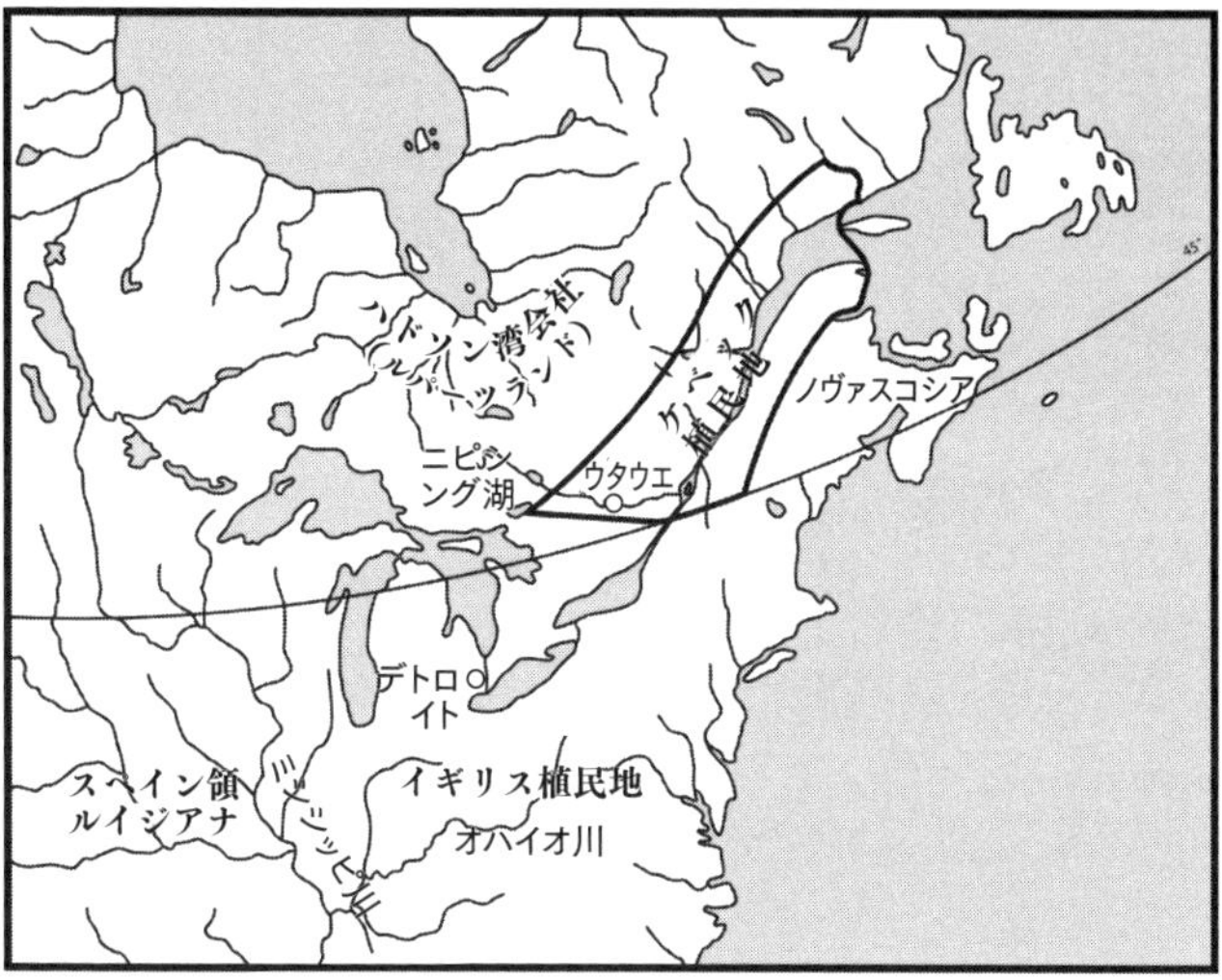

1763 年，ヌーヴェル・フランスが消滅し，イギリスはケベック植民地という新たな植民地を創設した。

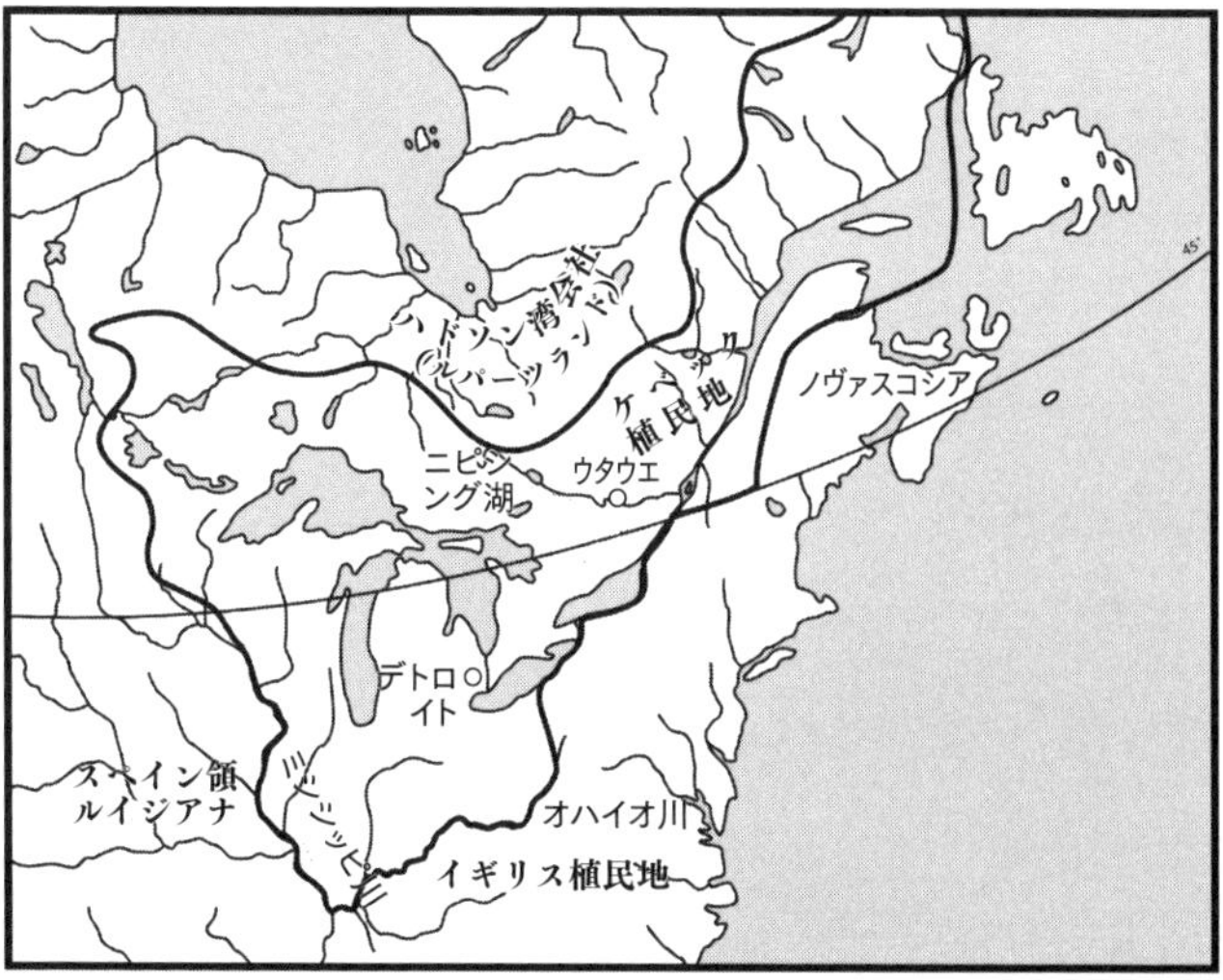

1774 年，ケベック植民地は大幅に拡大された。

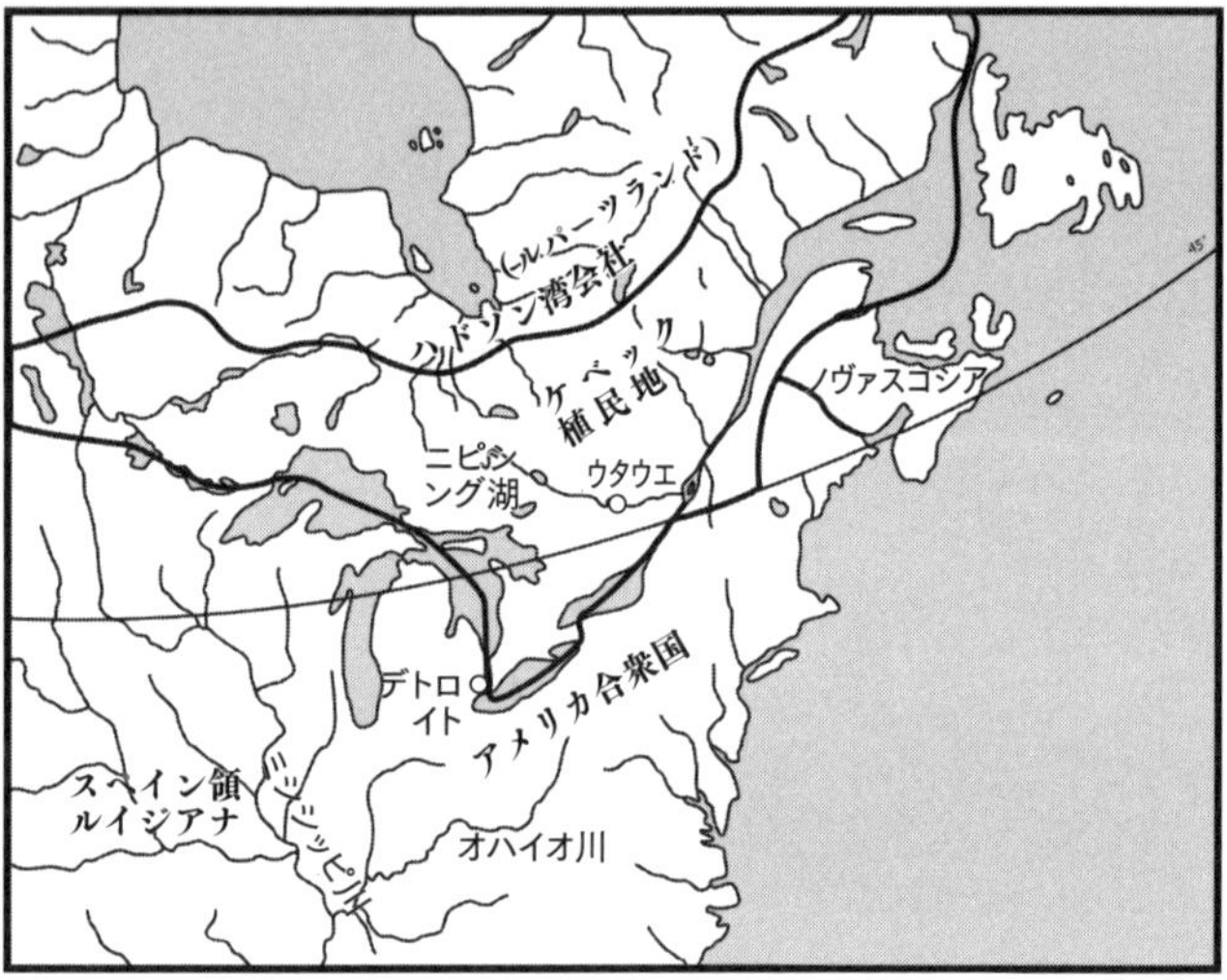

1783 年, アメリカの独立により, ケベック植民地の新しい境界線が設定された。

第五章　困難な共存——分割統治へ（一七六〇—一七九二年）

征服者たちの最初の仕事は、その土地をより良く知ることだった。イギリス軍の技師らがモンレアルの各教区を訪問し、民兵指導者らと面会した。フランス当局はもちろん、軍の指導者らも植民地を去り、この地はイギリス軍の指揮下に入った。いわゆる「軍時体制」が始まったのである。住民らは武器を手放さなければならなかったが、一部の者はすぐに銃を入手し、狩猟を再開した。

征服に伴い、カナダ人はイギリス王の「新しい臣民」となった。イギリス人は「旧来の臣民」である。一七六〇年九月二十二日に、早くもジェフリー・アマースト将軍〔六八頁参照〕が親善を説いている。彼の告知文には次のように書かれていた。「軍隊は、住民と良好に調和し知性を持って生活することをはっきりと命じられているので、住民も同様に、軍隊を兄弟や同胞として受け入れ、扱うよう勧告する。住民はまた、当局、総督、および当局又は総督から権限を与えられた者によるすべての命令に耳を傾け、従うことを命じられる。そして、住民がそれらの命令に従うかぎり、彼らは以前からの臣民と同じ特権を享受し、われわれの保護を期待することができる」。また、将軍は民兵隊長らに、新しい臣民間に生じるかもしれないもめ事を、可能なかぎり友好的に解決するよう要請した。民事法についてはまだ何も決まっていなかったからである。講和条約が結ばれるまでは、イギリスへの領土割譲は決定的ではないと考えられ、指揮官らが重要な決断を下すことはなかった。

交易は自由とされたが、許可証が必要であり、地方（モンレアル、トロワリヴィエール、ケベックの三地方が設けられた）から地方への移動には、地方総督の許可を得ねばならなかった。当然ながら、輸入はイギリス人だけが行うことができた。カナダ人にとって、一番の問題は通貨だった。数十年前から、往来の不安のため通貨が不足し、商取引は紙札や注文書で行われていた。カナダの商人や住民の多くは、この種のお金しか自由に使うことができなかったのである。しかしイギリス人は、「フランス国王が一七五九年十月十五日に紙幣は無価値であると宣言した」と主張し、これらをなかなか受け取らなかったり、価値の数分の一しか認めなかったりした。

軍時体制がもっとも顕著にあらわれたのは、住民が兵士を宿泊させなければならなかったことである。若いカナダ人女性の中には、兵士の魅力に屈した者もあった。サンタンヌ・ドラペラード〔ケベック南西、モーリシ地域〕の教区司祭は「イギリス兵と乱交する一部の放蕩な女性のスキャンダル」を糾弾した。新参者と同棲する女性は、秘跡を受けることはできなかった。聖職者らは、このような異教徒との関係がカトリックの宗教実践に影響を与えることを恐れた。

　イギリスではカトリックがはっきりとは市民権を持っていなかったことを思い出す必要がある。植民地責任者であるエグレモント卿にとって、ローマ教皇主義は重大な誤りであった。一七六一年十二月十二日には、以下のような警告を地方総督へ送ることをアマースト将軍に要請した。「いかなる兵士、船員、その他の者も、現在同じ王の臣下であるフランスの住民を侮辱しないよう、正確かつ非常に明白な命令を下すべし。また、戦いの運命が彼らを劣勢に追いやったことを不親切に思い起こさせたり、彼らの言語、服装、生活様式、習慣、国について侮辱的な発言をしたり、彼らが不幸にも従っている盲目の宗教の誤りについて思いやりのない非キリスト教的な考察をしたりして彼らを怒らせることを、誰に対しても禁じるべし」。このような配慮も、カトリック聖職者にとってはまったく良い兆しとはならなかった。とりわけ一七六〇年六月にアンリ＝マリー・デュブレル・ド・ポンブリアン司教〔一七〇八―一七六〇、一七四一年から一七六〇年までケベック司教区の第六代司教を務めた〕が死去し、その後任人事が危惧された。ジャン＝オリヴィエ・ブリアン〔一七一五―一七九四、ド・ポンブリアン司教のもとで助手を務めたのち、一七六六年から一七八四年までケベック司教を務めた〕がケベック司教区の第七代司教として、できるかぎり目立たないような配慮のもとに任命されるまでには、六年を要した。そして、ブリアンが一定の権限を行使できるようになるには、ジェームズ・マレー総督の寛容さが必要であった。

旧フランス植民地の運命は、一七六三年二月十日、パリでフランス語による講和条約が調印されることにより決着した。第四条には、「敬虔なキリスト教徒である国王陛下は、カナダとそのすべての附属地、ケープ・ブレトン島、その他のすべての島および海岸、サンローラン河と湾、ならびに概して当該地域に属するすべてのものを、イギリス王陛下に完全なる所有物として譲渡し保証する」と書かれ、この譲渡が最終的なものであることが明記された。さらに、「イギリス王は、カナダの住民にカトリック信仰の自由を与えることに同意する。その結果、国王は、ローマ・カトリック信者である新たな臣民が、イギリスの法律が許すかぎりにおいて、ローマ教会の儀礼に従い、信仰を公言できるように、もっとも正確で有効な命令を下すであろう」と書かれていた。ところが、イギリスの法律はカトリック信仰をまったく認めていなかった。これは解決すべき問題となった。

さらに同じ第四条では、住民がフランスに帰るか、植民地で生まれた者がフランスへの移住を希望する場合、一八カ月の猶予が与えられていた。カナダは「エリート」層、つまり貴族、ブルジョワ、商人を奪われることになる。翌十月七日の国王宣言では、ほかにいくつかの点が明らかにされた。まず、狭い境界線内〔一七七四年に拡大される前の境界内〕の「ケベック植民地」（植民地の新名称）は、当局が適切と判断する時期に議会を持つことができるようになる。さらに、「刑事、民事のあらゆる問題を、法律と公正さに基づき、できるかぎりイギリス法に準拠して、審理、判断する」裁判所の設置が許可された。そこで、すぐに問題になったのが、売買契約、遺言、財産、結婚などの文書作成に代々用いられてきたフランス民法が効力をもつかどうかであった。

まだ、英語系住民の人口が少なかったので、カナダ人を同化させるということは問題にならなかった。しかし、一七六六年、植民地検事総長であったフランシス・マセレス〔一七三一―一八二四、イギリスの法律家〕は、フランス語系住民と英語系住民の間に生まれつつある対立をなくす唯一の方法は、単に前者を後者に同化させることであると考えていた。「現在、異なる宗教を実践し、互いに異なる言語を話し、本能的に異なる法律を好む傾向にある二つの民族を、平和と調和のうちに維持し、いわば一つに融合させることが課題である。住民の大部分は、旧フランスのフランス人平民か、植民地で生まれたカナダ人で、フランス語のみを話し、人口は九万人、またはフランス人の記録では一万世帯と推定されている。残りの住民は、イギリス、アイルランド、または北米イギリス領の出身者で、現在六〇〇人いる。しかし、この植民地が住民に満足を与えるように運営されれば、この数は、貿易や農業に従事しようとする新しい入植者の到着によって日々増加し、やがてフランス人の数と同じか、それ以上になるかもしれない」。

少数派の英語系住民は、繰り返し嘆願書を提出した。植民地において、イギリス法のみを認めることや、裁判で彼らだけが陪審員を務めることができることを求めていた。さらに、「旧来の臣民」だけが代議士になれる議会の設置を要求した。カトリック教徒は、すでに行政のいくつもの役職から締め出されていた。自らの信仰を否定することになる「試練の誓い」を立てられなかったためである。

カナダ人にとって幸いだったのは、アメリカの一三植民地の状況が、彼らの問題の多くを迅速に解決してくれたことだ。イギリス政府は、ニューイングランドの臣民が反乱を起こす場合に、カナダ人がそれに追随することを恐れていた。さらに、イギリスの法学者の中には、フランス民法を維持することの帰結に関心を寄せる者がいた。

一七七三年十二月、ケベック植民地で初めて発行された新聞『ケベック・ガゼット』の表現を借りれば「ボストンの暴徒たち」が、新税に抗議して茶の積荷を海に投げ捨てた。一三植民地に革命の風が強まっていった。イギリス議会が可決した五つの法律は、アメリカ人が耐えがたいと考えるものであった。ケベック法は、その五番目の法律だった。一七七四年六月二十二日、国王ジョージ三世は法案に裁可を与えた。ケベック植民地の領土は大幅に拡大され、五大湖周辺地域が同植民地に含まれることとなり、この地域は一三植民地の支配を免れることとなった。一七～二三名から成る立法評議会が総督を補佐する。フランス民法が認められ、刑事事件にはイギリスの法律のみが適用される。この決定はカナダ人を喜ばせた。彼らはフランス民法の使用権利が確認され、イギリス刑法の下に「入る」ことを喜んだのである。フランス法では被告人が無罪を証明しなくてはならなかったのに対し、今後は有罪を証明するのは国王であるということになるのである。宗教の面では大きな成果があった。「試練の誓い」が廃止され、司祭が十分の一税を徴収することが認められ、「王の至高のもとに」カトリックの自由な信仰が許された。

ケベック法はカナダ人に好意的に受け入れられたが、「旧来の臣民」の中には、カトリックに対する譲歩に不満を持つ者もいた。モンレアルでは、新法が施行される一七七五年四月三十日の前夜に、アルム広場のジョージ三世の胸像を黒く塗り、その首に木の十字架と「カナダの教皇またはイギリスの愚か者」と書かれたジャガイモの首飾りをぶら下げた者がいた。一三植民地の多くで、この法律の撤回が要求された。一七七四年十月二十一日、フィラデルフィアで開催された第一次大陸会議で、「イギリス国民に告ぐ」という文書が採択された。以下のような文面である。「あなたの島を血であふれさせ、世界のあらゆる地域に妄信、偏見、迫害、殺人、反乱を広めた宗教を、イギリス議会が認めたことに驚きを禁じえない」。その五日後、同じ会議参加者らは、カナダ人に対し、将来のアメリカ合衆国の一四番目の州になることを勧める文書を採択した。「新しい臣民」たちが受けたあらゆる不当な扱いを指摘した後、彼らはカナダ人の法律と宗教（！）を尊重することを約束する。さらに、「神の摂理が提供する機会を捉えなさい。しかるべき行動をとれば、あなたの征服はあなたに自由をもたらします。この出来事は神の導きなのです。両手を広げて参加するようあなた方を招待する人びとと比較して、あなた方は非常に少数です。少し考えてみれば、アメリカの人びとを執拗な敵にするよりも、彼らとの揺るぎない友情を獲得する方が、あなた方の利益と幸福に適っていることを確信するはずです」と加えられていた。

カナダ人が呼びかけに素早く反応しないことを見たためであろう。アメリカ反乱軍の二部隊がケベック植民地に侵攻してきた。リチャード・モンゴメリー率いる第一陣はリシュリュー川を下り、ほとんど戦わずにモンレアルを占領した。ベネディクト・アーノルド率いる第二陣は、ショディエール川を経てケベックを目指した。一七七五年十二月三十一日、激しい吹雪の中、侵略者は都の城壁下で敗走した。しかし、気候が良くなって航路が開かれ、同胞との交戦にあまり乗り気でないイギリス人たちに手を貸しに来た四八〇〇人のドイツ傭兵が到着するまで、この都市を包囲した。

カナダ人の中に、新たな祖国を守ろうという熱意を示す者はほとんどいなかった。中には、反乱軍を支援するために武器を手に取る者もいた。一七七六年三月二十五日、モンマニー〔ケベック対岸の町〕に程近いサンピエール・デュシュッドで、国王を支持する臣民とカナダ人反乱者との間で戦いが起こった。父親が息子と、あるいは同じ家の者と戦うことになった。アメリカの大義に共鳴する人びとは、ブリアン司教の勧告を聞き入れなかった。武器を持てば秘跡を受けられなくなることを、彼らはよく理解していた。一七七五年十月二十五日、ブリアン司教はサントマ・ドモンマニーの司祭に次のような手紙を送った。「秘跡については、男にも女にも、たとえ死に際しても、暴挙の撤回と公式な謝罪なしには与えてはならない。また、強情を通して死んだ者は、われわれの許可なしに聖なる土地に埋めてはならない。そこに埋めることを絶対に禁じるわけではないが、もし埋葬する場合には、司祭は長衣だけを着て監督者として参列し、いかなる祈りも唱えず、遺体を教会堂内に入れてはならない。教会堂は礼拝時間以外には、閉鎖しておくよう命じる」。当時の神学上の教えを考慮すれば、この司教の態度は理解できるものである。聖パウロによれば、すべての権威は神から来るものであり、正当に確立された権威に反抗することは神に反抗することである。一七六三年のパリ条約に基づくイギリスの権威は、合法的に確立された権威である。つまり、イギリス王に対して武器を取ることはできないのである。この教えは、一八三七年から一八三八年に住民が蜂起した際にモンレアル司教区のジャン゠ジャック・ラルティーグ司教〔一七七七—一八四〇、カトリックの聖職者。教皇権至上主義者で、カトリック教会を中心としたロワー・カナダ社会を標榜〕がとった行動の説明にもなる。

ケベック包囲網の終結と反乱軍の撤退によって、「清算」がはじまった。総督により三名の委員が任命され、住民、とくに民兵隊長らの行動が裁かれた。民兵隊長のうち、あまりに軟弱で、公然と侵略者の側に立つ者は、その任を解かれた。オルレアン島などでは、女性たちが扇動的な演説を行っていた。彼女らは「ハンガリーの女王」〔政治に口出しをする女性〕というあだ名で呼ばれた。

一七七八年、ふたたびケベック植民地侵略の話が持ち上がった。前年に、すでに独立を宣言し、あとはそれを勝ち取るだけというアメリカ人を支援するために、ラ・ファイエット侯爵〔一七五七—一八三

四、フランスの軍人・政治家〕が到着していた。今度はフランスのデスタン伯アンリ提督〔一七二九―一七九四〕が、カナダ人にアメリカの大義に参加するよう新たな呼びかけを行った。「あなた方はフランス人として生まれたのだから、フランス人であることをやめることはできない」と彼は書いている。「しかし、私は、私にこれを許可し、私にこれを命じた国王陛下（ルイ十六世）の名において厳粛に宣言するように、イギリスの優位性を認めない北アメリカのかつてのフランス臣民はすべて、陛下の保護と支援を当てにすることができると宣言します」。この一言だけでフランスへの復帰を夢見るカナダ人が現れた。

一七七七年から植民地総督を務めるフレデリック・ハルディマンド〔一七一八―一七九一〕は、反乱や陰謀の類をいっさい認めない強硬な軍人である。彼は、アメリカやフランスに過剰に同調する人たちとの戦いに臨んだ。逮捕者が出たが、モンレアルの商人ピエール・デュ・カルヴェ〔一七三五―一七八六〕もその一人であった。数年の獄中生活の後、彼はロンドンへ行き、正義を要求し、民主主義制度の伝道者となった。

一七八三年九月三日、講和条約により、イギリスとアメリカの対立は終結した。新しい国の何千人もの住民が、イギリスの臣民であり続けることを望んだ。「王党派《ロイヤリスト》」と呼ばれる彼らは、主にノヴァスコシア植民地に移住し、一七八四年にニューブランズウィックという新しい植民地が誕生した。ケベック植民地には約七〇〇〇人の王党派《ロイヤリスト》が移住した。彼らは殉教者の後光を帯びてやってきた。イギリス当局は、彼らに寛大さを示さなくてはならなかった。王党派《ロイヤリスト》たちは、カナダの領主に敬意を払うことを受け入れないため、領主所領区域の外に土地を与えられた。さらに彼らは、フランス法の存在や、カトリックの強い信仰を糾弾したのである。彼らは、一三植民地では議員を選出し政治生活に参加していたため、議会の創設を要求した。彼らが要求する変更の多くは、カナダ人たちの気に入らないものであった。

これまで、「カナダ人」という名称は、フランス語系住民だけを指していた。ところが、一七八七年、郵便局長のヒュー・フィンレイ〔一七三二―一八〇一〕が、自らもカナダ人と名乗る権利を主張した。「国王の旧来の臣民を新カナダ人と呼ぼうとする人びとがいる。カナダに住むことを望んだ者は、イギリス人という肩書きを失った。旧カナダ人とは、一七六〇年に私たちが服従させた人びととその子孫を指し、新カナダ人は、イングランド、スコットランド、アイルランド、および現在の米国となった植民地からの移民を指す。現陛下の治世一四年目の法律（ケベック法）により、彼らはカナダ人となり、これからもずっとカナダ人であり続けなければならない」と彼は主張した。しかし、英語系住民が自分たちを「カナダ人」と呼ぶようになるのは、数十年後のことであった。その後は、フランス語系住民は「フランス系カナダ人（フレンチ・カナディアン）」という名称を採用することになった。

王党派《ロイヤリスト》の要求とアメリカの例にならい、イギリス当局はケベック植民地に議会制度を導入することにした。そこで、庶民院でこの趣旨の法案が審議されたが、王党派《ロイヤリスト》が「独立した地区」を要求したため、ケベック植民地の領土を二つに分け、東部ではフランス語系住民が、西部では王党派《ロイヤリスト》が多数派となるようにすることとなった。その境界は、最後の領主所領ヴォードルイユ〔モンレアルの西約三〇キロ〕の西の限界地点に設けられた。「ケベック植民地」という名称は消え、「ロワー・カナダ」と「アッパー・カナダ」〔サンローラン河の下流が「ロワー」上流が「アッパー」と名付けられた〕という二つの新しい名称が採用された。

もうひとつ重要なことは、双方がそれぞれの議会を持つということであった。ウィリアム・ピット首相〔六七頁参照〕にとって、新憲法施行の結果の一つは、カナダ人の同化が促進されることにあった。「フランス臣民は、イギリス政府が自分たちにイギリス法を押し付けるつもりはないことを、こうして確信することになる」と彼は言った。「そして、より自由な心で自分たちの法の運営と効力を考えるようになるだろう。そうすれば、やがて彼らは納得して私たちの法律を採用するかもしれない。これは、政府が突然、カナダの全住民をイギリスの憲法と法律に従わせるよりも、はるかに可能性の高いことである。イギリスの法律が最善であることを、経験をもって教えるのだ。ただし、彼らが満足するように統治されなければならないということを認める必要がある」。

一七九一年六月十日、立憲法が勅許を得た。アッパー・カナダとロワー・カナダはそれぞれ立法評議会と庶民院を持つこととなる。ロワー・カナダの庶民院は、五〇名の議員で構成され、議員として立候補するために必要な条件が定められた。これらの議員は、投票数の過半数をもって選出される。選挙人については、二十一歳以上で、出生、征服、帰化によるイギリス国民であることが条件とされた。また、反逆罪や義務不履行に問われていないことが条件となる。法律で「人」という言葉が使われていることからわかるように、男性と同じ資格を持つ女性も選挙権を持つことになった。この選挙権は一八四九年に公式に削除されたが、それ以前から女性はすでに投票していなかった。

一七九二年の夏に最初の選挙が行われた。ロワー・カナダは二〇の選挙区に分けられた。いくつかの選挙区には、二名の議員枠が充てられた。全選挙区で同時に投票が行われなかったため、敗れた候補者が別の選挙区に出馬することが可能であった。投票は公開で、つまり投票者は誰に投票するのかを報告係の役員に大きなはっきりと聞こえる声で伝え、役員はこの投票内容を専用の帳簿に記録する。したがって、どの候補者が優勢であるかがわかった。投票所は一選挙区に一カ所だけで、投票者がいない状態で一時間が経過するまで開いている。そのため、選挙は数日間に及ぶこともあった。すぐに皆が理解したのは、投票所までの道を一時間ふさぐことで、支持者が候補者を勝たせることができるということである。

ロワー・カナダではフランス語系住民が圧倒的に多数であったため、英語系住民の代表が選ばれるかが注目された。『ケベック・ヘラルド』紙の特派員は、心配を隠さなかった。彼は、庶民院の設置を求めた同胞たちに次のように訴えた。「庶民院を求めたとき、ケベック植民地には一九人のカナダ人に対して一人のイギリス人しかいないことを考えたのだろうか。現在の状況では、カナダ人がイギリス人を一人も選ばない確率が五〇倍であることがわからないだろうか。あなたは、あなたを統治する議会を請願する前に、この問題について考えたのだろうか」。しかし、「ジョン・ブル」と署名したこの記者は間違っていた。選挙が終わると、英語系住民が人口の一〇パーセントに過ぎないのに、議員の三分の一は英語系であった。その理由は様々であった。イギリス人は議会の仕組みに長年精通しており、イギリス人を代表に選ぶ方が良いと確信するカナダ人もいた。投票が公開で行われ、候補者の中に雇用主、地主、貸主などがいたため、カナダ人が彼らへの投票を拒否することは危険であっただろう。

一七九二年十二月十七日に初めての議会の第一会期がはじまった。民族的な帰属が最初から問題となった。会議の「発言者」や「議長」がカナダ人、イギリス人のどちらとなるのか。ジョゼフ・パピノー議員〔一七五二―一八四一、モンレアル生まれの公証人・政治家〕は、「カナダ人の誰かが、英語を理解しないからといって、権利を剥奪されることは考えられない」と指摘した。ジャン＝アントワーヌ・パネ〔一七五一―一八一五、ケベック生まれの弁護士・政治家〕が、二八票対一八票で議長に選ばれた。三名のフランス語系議員が、英語系議員へ投票したのである。

議会制度がまもなく「ギリシャの贈り物」〔トロイの木馬のような罠の仕掛けられた贈り物〕になることに、議員も有権者も、すぐには気づかなかった。歴史家のリオネル・グルー神父〔一八七八―一九六七、カトリック神父、大学教員、作家、ナショナリストの知識人〕は、この新しい制度を「不正な議会主義」と呼んだ。「議会主義」と「民主主義」はまったく異なるものであるからだ。庶民院で可決された法案は、イギリス当局によって終身任命されたメンバーからなる立法評議会の承認を受けなければならない。その後法案は総督へ委ねられる。総督は、法案に裁可を与えるか、拒否するか、あるいは勅許の決定まで最長二年間、法案通過を停止することができる。この採択プロセスは、議員に実権がないことを意味していた。その後、議員らが立法過程や予算をコントロールできないことを理解したときに、彼らはより強くそれらを要求することになるだろう。

1770 年 3 月 5 日のボストン大虐殺は，アメリカ独立革命の前触れであった。革命により，13 植民地が独立し，議会制度をもつアッパー・カナダ植民地とロワー・カナダ植民地が誕生した。

第六章　対立に向かう歩み――上・下両カナダの再統合（一七九三―一八四〇年）

一七九三年二月初旬、フランスとイギリスは戦火を交えることとなった。当時のフランスでは、革命による犠牲者が増え続けていた。ロワー・カナダ植民地のイギリス当局は、フランス人スパイの上陸を恐れていた。パリでは、革命派が意見書を提出し、国王が手放した領地の奪回を求めた。当時駐米フランス大使を務めていた市民エドモン＝シャルル・ジュネ〔一七六三―一八三四、フランスの外交官。中立政策を取っていた米国を、イギリスおよびスペインとの戦争に巻き込もうと画策し、外交問題を引き起こした。彼の考え方に共鳴するアメリカ人が「市民ジュネ」と呼んだ〕は、「自由フランス人」としてカナダ人たちに書簡をしたためた。その書簡は蜂起を呼びかけるものだった。「今日、われわれは自由であり、権利を取り戻した。われわれを抑圧する者は罰せられ、われわれの行政は完全に生まれ変わった。われわれの大義が持つ正当性や勇気、圧政者を倒すために準備してきた多くの手段をもってすれば、あなた方の恨みを晴らし、われわれのように解放できる。また、あなた方の隣人であるアメリカ人のように独立させることもできる。カナダ人たちよ、アメリカ人やわれわれを見習い給え。道はすでに開かれている。高潔な意志によって、あなた方を汚辱の状態から救い出すことができる」と書かれていた。この言葉を行動に移すべく、小規模なフランス艦隊がケベックを「解放する」ためにチェサピーク湾〔米国メリーランド州にあり、ワシントンDCの東側に位置する湾〕を出航した。ただ、季節が進むにつれ、司令官はカナダの厳しい冬を恐れてボルドー〔五〇頁参照〕へと針路を取った。

フランスがもたらした脅威は、スパイ狩り、外国人狩り、親フランス派狩りを引き起こした。民兵を再編する法律も制定された。カナダ人の一部はこの再編に不快感を示し、声高に反対を唱えた。カナダ人たちは、道路の維持に関わる別の法律に対しても同じように反対を表明した。

十九世紀初頭、二つの民族集団の間で緊張が高まり始めた。イギリス当局が教育分野に介入することを決めたからである。この決定は、イギリス国教会のケベック主教であったジェイコブ・マウンテン〔一七四九―一八二五、ロワー・カナダ植民地におけるイギリス国教会の発展に寄与。教育にも力を入れ、マギル大学の創設にも尽力〕の希望を反映したものであった。一七九九年十月、マウンテン主教は次のようにしたためた。「ロワー・カナダでは、カナダ人が英語を理解しないため、イギリス臣民との間に壁が生じている。この壁によって、双方の幸せな暮らしが蝕まれている。その結果、同じ状況に置かれ、利害関係を共有し、同じ法律や政府に参加することで一つにまとまるはずの人びとが二分されてしまっている」。このことは、一八〇一年に設立された「王立学術振興協会」〔ロワー・カナダ植民地において無償教育を提供するために創設された。現在は、マギル大学を運営している〕による学校教育の成果があまり出ないであろうことを示していた。

ロワー・カナダの英語化を求めたのは、イギリス国教会の主教だけではなかった。週刊紙『ケベック・マーキュリー』〔一八〇五年から一九〇三年にかけて、ケベック市で発行された英語週刊紙。イギリス系商人の利害関係に基づく論調を展開した〕の紙面では、カナダ人に対する攻撃的な記事が日常的に掲載されていた。一八〇六年十月二十七日付の同紙には、「アングリカヌス（Anglicanus）」〔イギリス系の筆者が創作したローマ時代風のペンネーム〕という署名付きで次のような記事が掲載された。

「ロワー・カナダはイギリス植民地であるにもかかわらず、あまりにフランス語が幅を利かせすぎている。（……）フランス語の普及ではなく縮小を追求するという当たり前の政策が展開されている土地において、フランス語の無益な拡大が続いている状況は遺憾である。（……）フランス語による教育はつねにフランス人を育成することとなり、どの政権の下で生まれたとしても、イギリスよりもフランスに尽くすことになるのである。（……）ケベック征服から四七年、ロワー・カナダは英語が支配的な場所になる時である！」このような発言に対抗して、カナダ人指導者たちは、最初のフランス語紙『ル・カナディアン』〔一八〇六年から一八九三年にかけて、ケベック市で発行されたフランス語の新聞。『ケベック・マーキュリー』紙に対抗して、フランス系カナダ人の利害関係を代弁した〕を創刊した。この新聞の目的は、カナダ人の名誉挽回であった。同紙の趣意書には、「母語〔フランス語〕で感情を表現したり、司法の場でフランス語を使ったりすると犯罪者扱いされてきた。しかし、このような誹謗は恐れるに足りない。どの言語においても、真の忠誠心を表す表現は同じである。一方で、不誠実や卑しさ、妬み、仲良く暮らすべき市民の間に分断を生むような表現は、あらゆる言語の価値を汚すものである」。

『ケベック・マーキュリー』紙と『ル・カナディアン』紙の間に見られる対立は、ロワー・カナダの庶民院でも生じていたことだった。本格的な政党はまだなかったものの、二つの民族集団《エスニック》の間に横たわる境界線は徐々に鮮明になっていった。フランス語系議員たちは、政府が任命する判事たちが、議員にもなれることを非難した。立法府と司法府との結びつきが危険だと考えたからである。また、ユダヤ系議員の選出も異議申し立ての対象となった。ただ、これに関しては、その議員がユダヤ系だったということよりも、あまりにもイギリス当局寄りだったという理由によるものであった！

一八〇七年から総督を務めていた軍人のジェームズ・クレイグ〔一七四八－一八一二、カナダ植民地の総督〕は、フランス語系議員の要求に対してほとんど理解を示さなかった。そのうえ、クレイグには、あらゆる所に陰謀の匂いを感じ取る傾向があった。その一方で、住民の行動様式の変容には敏感であった。そこで、クレイグの側近の中には、フランス語系住民をできるだけ早く同化させる手段を取るよう進言する者もいた。クレイグは、『ル・カナディアン』紙を反政府的な出版物とし、同紙の幹部を逮捕した。イギリス政府に宛てた一八一〇年五月一日付の手紙の中で、クレイグは、カナダ人たちが新たに使い始めた呼び名の重要性を強調している。「カナダ人たちは、別のネイションを形成しているのだ。したがって、征服前と変わらず私たちと異なったままです。実際、カナダ人たちの風習、言語、宗教成しているとみなされることを望んでいるように思われます。カナダ人たちは、カナダ・ネイションという表現をいつも使っています。カナダ人たちが穏和で忠実な臣民であったかどうかを判断するにあたっては、そのような行動様式の変化を促すような機会がなかったことを指摘すれば十分でしょう」。

カナダ人の忠誠心を確認する機会は、米国とイギリスが戦火を交えることになった一八一二年にやってきた。フランスとイギリスの間で紛争が始まって以来、米国は中立の立場を維持していた。しかし、米国の参戦は、両カナダ植民地への侵攻がありうることを意味していた。新たな祖国に対して、カナダ人たちはほぼ無条件で忠誠心を示した。このことは、シャルル゠ミシェル・ディルンベリー・ド・サラベリー〔一七七八―一八二九〕中佐率いる〈カナダ選抜歩兵隊（Voltigeurs canadiens）〉〔一八一二年に設立されたフランス系カナダ人による部隊。イギリス正規軍とは別部隊として組織された〕が、一八一三年十月二十六日のシャトーゲイの戦い〔モンレアル近郊を流れるシャトーゲイ川沿いで行われた戦闘〕の勝利に大きく貢献したことからもわかる。

西ヨーロッパでは、ナポレオン皇帝が勝利を収めたり、敗北を喫したりしていた。イギリス海軍の展開を完全に阻止するため、一八〇六年十一月、ナポレオンはイギリスと断交した。この封鎖によって、イギリスは、艦船の建造に必要な木材を北欧以外から調達しなければならなくなり、カナダが新たな供給元となった。カナダの産業は、毛皮交易から林業に大きく変化することとなる。カナダ人は木こりになったのである。森林伐採は、ウタウエ地域〔ケベック州西部、ガティノー市を中心としてオタワ川の北部に広がる地域。カナダの首都オタワ市の対岸に位置する〕から始まった。切り出された丸太は、筏や籠の形でまとめられてウタウエ川〔ケベック州西部に端を発し、モンレアル西部でサンローラン河に合流する全長約一二七〇キロメートルの川。カナダ植民地の東西物流の要〕を下った。さらに、サンローラン河をケベック市まで下り、イギリス行きの船に積み込まれた。丸太の運搬人は、「ラフトメン（いかだ乗り師）」と英語の表現でも呼ばれた。もっとも有名な丸太運搬人には、ジョス・モンフェラン〔一八〇二—一八六四、身長二メートルもあるフランス系カナダ人の大男で、その怪力で知られていた。彼の活躍ぶりは、民話として語り継がれた〕がいた。歴史学者のフェルナン・ウレは、ロワー・カナダ経済で生じたこの変化を、「フランス系カナダ社会にとっての転換点」ととらえた。ウレによれば、「木材交易によって、港湾労働者階級が発展した。（……）この交易は資本家を呼び込み、重要な投資につながった。さらに、投資は主要な利潤の源となり、植民地の発展に向けた再投資にもつながった。このような理由から、木材交易は、基本的にイギリス系カナダの事業とみなされた」とされる。

一八一四年十二月二十四日、ガン条約によって米国とイギリスの戦争は終わった。その一カ月前、カナダ人は、自分たちの要求をまとめた陳情書をイギリス当局に提出していた。陳情書によれば、「人口の大多数がカナダ人で構成されているように、庶民院の多数派はカナダ人が占めていて、イギリス人は、親英派のカナダ人とともに少数派である。民衆による自由な選挙で選ばれた多数派のカナダ人たちは、必要な忠誠心を持ち合わせていないかのように扱われ、しかるべき参画が許されてこなかった。行政評議会の委員は、少数派から選ばれている」。したがって、多数派のカナダ人たちは、自分たちが不当に扱われていると感じていた。カナダ人たちの要求は、徐々に鮮明なものになると同時に、激しいものとなっていった。

庶民院において、フランス系議員の多くはカナダ党に属することとなった。というのも、ちょうどこの頃、「カナダ」における最初の政党が誕生したからである。一八一五年、ルイ＝ジョゼフ・パピノー〔一七八六―一八七一、モンレアル生まれの弁護士・政治家、愛国者運動のリーダー〕が議長に選出された。他の議員に対する影響力が強かったことから党首となった。イギリス政府に対してカナダ人の要求を伝える唯一の仲介者は総督であった。さらに、伝えられる要求も選別されたうえ、イギリス本国に伝えられた要求にも「植民地政府による」解釈が付けられていた。したがって、庶民院の委員会は代理人の任命を要求した。「ロワー・カナダの住民の不満を解消するため、イギリス本国に駐在する我が州の代理人を任命する特別かつ緊急の必要性がある。とりわけ現時点で必要である。というのも、帝国政府とイギリス国民がカナダ人たちに損害を与えるよう尽力しているのではないかと恐れているからである。また、イギリス人の知恵によって根拠なく与えられた憲法を改正して、言語、法律、習慣がまったく異なるアッパー・カナダとロワー・カナダを統合しようとしているのではないかと恐れているからである。彼らの不満は、代理人がイギリスに駐在するようになれば解消するだろう」。少なくともこの時点において、この要求に対する検討はなされなかった。

議員を兼任する判事の存在に関する問題は残ったままであった。一八一八年には、新たな問題が加わった。「支援金をめぐる対立」と言われる、政府支出の統制に関わる問題である。イギリスでは、王室費、すなわち公務員に支払われる給与は、国王の一生分を賄う金額が一括して採択されていた。しかし、ロワー・カナダの議員たちは、それぞれの歳出項目について審議し、王室費に関して詳細に採択することを希望していた。なぜなら、一部の公務員が、実施していない役務に対しても報酬を受け取っていると知っていたからである。また、ロワー・カナダ植民地の議員たちは、閑職の廃止も求めていた。つまり、彼らの要求は政府歳出全体をコントロールする権限であり、そこに王室費も含まれていたのである。というのも、王室費を納めるために「支援金」を支払うことが求められていたからである。支援金をめぐる対立によって庶民院の審議が停止し、立ち往生することが何度も生じた。これに対する歴代総督の姿勢は、彼らの性格によって異なっていた。

もう一つの問題は、関税による歳入をアッパー・カナダとロワー・カナダでどのように分配するかという問題であった。輸入品は、アッパー・カナダ向けのものも含め、すべてケベック市の港に到着していた。もっとも単純な解決策は二つの植民地の合併であると考える者もいた。一八二二年、イギリス議会は、カナダ植民地の未来が、一つの庶民院および立法評議会に統合されないかぎり描けないとし、両カナダ植民地を合併する法案を審議した。ロワー・カナダでは、タウンシップスに新たな選挙区を創設し、選挙区の数を増やすことが問題になっていた。王党派《ロイヤリスト》

〔アメリカの独立革命に際して、英領カナダ植民地に逃れてきた親英派の人びと〕やイギリスからの新たな移民がやってきたことで、新たに植民し、農地を開拓する地域が必要となった。これらの地域は、領主制に基づいて支配された地域ではなかった。そこで、行政区画としての「タウンシップ」を複数創設した。タウンシップは、通常一〇平方マイルの面積を持つ。移住者たちに譲渡された土地は年貢がかからないうえ、領主たちの支配も及ばなかった。彼らは土地の所有者になったのである。ロワー・カナダでは、モンレアル地方の南に複数のタウンシップスあるいはカントンが広がっていた地域があり、「イースタン・タウンシップス」あるいは「カントン・ド・レスト」と呼ばれた。このように呼ばれた理由は、アッパー・カナダで譲渡されたカントンの東側に位置したためである。

　二つのカナダ植民地の統一という問題は、大きな動揺を引き起こす。統一派は良い面ばかりに注目し、カナダ人を中心とする反統一派は、この方針に反対した。数十の嘆願書がロンドンに送られた。統一に反対する理由を主張するため、ルイ＝ジョゼフ・パピノーとジョン・ニールソン〔一七七六―一八四八、スコットランド生まれの出版業者、政治家。カナダ党所属の英語系議員〕がロンドンに派遣された。彼らがロンドンに到着した時、統一という案は既に退けられていた。しかし、パピノーとニールソンは、統一派の代弁者であるアンドリュー・スチュアート〔一七八五―一八四〇、弁護士、政治家。カナダ党所属の英語系議員。その後、カナダ党を離党。パピノーらと袂を分かち、統一論者となった〕による圧力を認識していた。実際のところ、スチュアートによって提出された申立書には、「ロワー・カナダの大部分には、異邦人と呼ぶことができる人びとが住んでいます。征服から六〇年以上も経っているにもかかわらずです。この人びとには、イギリス系市民に同化する進展がまったく見受けられません」と書かれていた。統一を成し遂げられなかったことに落胆した英語系住民たちは、モンレアル島をアッパー・カナダに編入するため、ロワー・カナダの分割を求めた。しかし、一部の人びとにとっては、北米大陸にあるすべてのイギリス植民地の統一こそが解決策であった。

ケベック市では、議会がほぼ完全に麻痺していた。多数派であるフランス語系議員が支援金問題で反対していたためである。カナダ党党首ルイ＝ジョゼフ・パピノーの影響力は日増しに強まっていた。ただし、彼のリーダーシップに対する異議が申し立てられることもあった。パピノーの考えが過激になりすぎていると考えるケベック市地域の人びとから、反対意見が聞こえていた。

一八三二年、性質が大きく異なる二つの出来事を機に緊張が高まった。まず、モンレアルでの補欠選挙では、選挙制度の関係で、投票が二〇日間以上続いていた。最悪の事態も懸念されていた。平穏を維持するためには軍の出動が必要であった。五月二十一日月曜日、小競り合いが始まり、群衆に対して軍が発砲した。結果として三人が死亡、全員フランス語系住民だった！『ラ・ミネルヴ』紙〔一八二六年から一八三七年、一八四二年から一八九九年にかけてモンレアルで発行されたフランス語の週刊紙。パピノーの立場を支持する急進的な論調だったが、五年間の休刊後はより穏健な論調へと変化した〕は、民族的要素の強い訴えを展開した。「仲間たちの虐殺を決して忘れてはならない。すべてのカナダ人が今月二十一日に起きたことを、子々孫々まで伝えようではないか。今回の軍による暴行をたくらみ、助言し、実行した背徳者たちの名前が、われわれを守った仲間たちの名前とともに歴史に刻まれるように。そうすることで、背徳者たちが恥辱を受け、憎悪の対象になる一方、われわれの仲間たちは、ひ孫たちにとって栄誉と感謝の対象となるのである」。タイミングの悪いことに、総督のエイルマー卿〔一七七五―一八五〇、第五代エイルマー男爵。総督在位期間一八三〇―三五〕は、発砲を命じた軍人たちを賞賛してしまった！　事態の沈静化は見込めなくなった！

もう一つの出来事はコレラである。ロワー・カナダで大流行し、一万人以上の死者を出した。大量の移民の流入が感染蔓延の原因とされたが、その多くはアイルランド系だった。カナダ党の面々は、イギリスの指導者たちがカナダ人たちを殲滅するがためにこのような受け入れを行ったのだと批判した。一八三一年の国勢調査によれば、ロワー・カナダの人口は五八万三〇〇〇人で、そのうち四万三七〇〇人がモンレアルに居住し、二万七一〇〇人がケベック市に住んでいた。人口の多くは、農村部で生活していたのである。

フランス語と英語の新聞では、南米の独立運動や西ヨーロッパで続発する革命に関するニュースが報じられ、ロワー、アッパー両カナダ植民地の指導者たちが強い関心を抱いていた。問題の核心は「人民主権」に関わるものになりつつあった。ただ、この「権利」については、モンレアルの司教、ジャン＝ジャック・ラルティーグ〔八七頁参照〕の目には過ちと映っていた。一方、一八三三年九月三十日、若い弁護士ピエール・ウィンタースは、『ラ・ミネルヴ』紙の編集長であるリュドガー・デュヴェルネ〔一七九九―一八五二、出版者。民主主義、共和主義、報道の自由といった理念を『ラ・ミネルヴ』紙の編集などを通じて訴えた〕に手紙をしたためた。

「請願を通じて謙虚に訴え続けることはもう終わりにしましょう。自由な人間、少なくとも自由を獲得するために生まれた人間として議論したいのです。自由、さもなくば死という共通の叫びが全土に響き渡り、自由を謳歌して生きるか、さもなくば死すかを唱えることを望んでいます」。

翌年、カナダ党からの要求リストが発表されると緊張は一層高まった。カナダ党の面々の多くは、パピノーを党首とする愛国党を形成していた。「九二カ条決議」の中で、議員たちは、立法評議会議員選挙の導入、行政評議会からの判事の追放、王室費に対する民主的な統制などを特に要求した。また、税負担の累積、選挙への軍の介入、歳出の増加、国有地経営のまずさも批判した。六〇〇〇人近くの死者を出したコレラの新たな流行も批判を強める要因となった。フランス語系多数派の不満は、一八三四年秋の総選挙の結果に現れた。愛国党は、庶民院八八議席中、七七議席を獲得した。

ロンドンでは、ロワー・カナダの状況に対する懸念が高まっていた。イギリス政府は、ゴスフォード伯爵のアーチボルド・アチソン〔一七七六―一八四九〕をカナダ総督に任命した。アチソンの任務は、両カナダ植民地の状況について調査し、報告書を作成することであった。対立が生じていたのはロワー・カナダだけではなかった。アッパー・カナダにおいても、混乱が高まっていた。アチソン新総督は、パピノー率いるカナダ人たちを懐柔するため、一八三五年十一月二十五日、多くのフランス語系議員を聖カタリナの日の祝宴に招いた。しかし、このことが反動的な英語系住民の不興を買うこととなった。『モントリオール・ヘラルド』紙のジャーナリストであったアダム・トム〔一八〇二―一八九〇〕は、カナダ人の蜂起に備えよと警鐘を鳴らした。ローマを占拠したガリア人を追い出したローマの将軍を彷彿とさせる「カミッルス（Camillus）」というペンネームを使いつつ、「ロワー・カナダのイギリス人は、あまりにも長い間にわたって眠りこけていた。行動すべき時には行動せよ。確かなことが一つある。フランス系勢力の拡大という企てによって血が一滴でも流された瞬間、イギリス人の逆鱗に触れることとなる。フランス系勢力のさもしい根性や野心にイギリス人が靡くことはまったくない。イギリス人の地位を乗っ取ろうとする者であれ、扇動家のフランス系住民であれ、征服された民に災いあれ！」と記した。

二週間も経たないうちに、音楽隊と旗を先頭に約二〇〇人の英語系住民が集会に結集したが、集会では武装蜂起が呼びかけられるほどであった。その直後、武装集団がモンレアルの街中を行進した。ドリック・クラブ〔一八三六年に結成された英語系民兵組織。アダム・トムによって組織され、ロワー・カナダにおける英語系住民の利益を守ることを目的とした〕が誕生した瞬間であった。「フランス系による支配よりも死を選ぶ」ことに対して祝杯があげられた。一方、モンレアル地方の愛国者たちの機関紙である『ラ・ミネルヴ』紙は警戒を呼びかけた。十二月十日付の同紙では、「突然巻き込まれないよう、そして、暴動を引き起こそうとする場合に対峙できるよう、私たちも心の準備をしていた方が良さそうである」と書かれていた。

ここに至るまで、パピノーの支持者である愛国者たちは、アチソン総督が自分たちの要求に対して理解があると信じていた。しかし、ロンドンのイギリス議会が立法評議会を選出制にするつもりがないことを知った。良好な関係はここで終わる。衝突への歩みが速まっていった。イギリスで一八三七年四月に採択された決議によって、その歩みは加速する。植民地担当の国務大臣ジョン・ラッセル卿〔一七九二―一八七八〕が、極端な措置を議会に採択させたのである。ラッセルは、これによって、支援金をめぐるいざこざを終息させ、ロワー・カナダに関わる問題を一気に片付けられると考えていた。立法評議会を選出制にすることも、庶民院の議員に対して閣僚が説明責任を負う責任政府を付与することも考えていなかった。「ラッセル決議」の第八条は、火に油を注ぐものだった。同条では、総督が必要と認めれば、「司法府と行政府の歳出」に必要な金額を、庶民院の資産から同院の許可なく引き出す権限が認められた。

ラッセル決議の内容が植民地で明らかになるや否や、パピノーとその支持者たちは即座に反応する。植民地政府の主な歳入源の一つは、輸入品への関税だった。そこで掲げられたスローガンは、あらゆる輸入品をボイコットすることであった。ジャーナリストで議員であったエドモンド・ベイリー・オカラガン〔一七九七―一八八〇〕は、「植民地政府の金庫を満たし、イギリス議会が違法なやり方で配分している貨幣は、ブランデー、ラム酒、ワイン、タバコ、紅茶をはじめとする嗜好品に対する関税として徴収されたものである。人びとは、これら嗜好品の消費を控えなくてはならない。アルコールが必要であれば、ブランデーやラム酒を飲む代わりに植民地産のウィスキーを飲み、米国からの紅茶やタバコの密輸品、その他の品物を購入する方が良い。われわれにとっての救いはそこにしかない。この方法により、イギリス政府が違法かつ憲法に違反する方法で集めている歳入を壊滅させ、抑圧者の腕を麻痺させるのである」。したがって、スローガンは「密輸品を買おう！」である。

その後数カ月間にわたって、ラッセル決議に反対する抗議集会が数多く開催された。中心的かつもっともよく知られた弁士は、もちろん偉大なるパピノーだった！　緊急招集された行政評議会は、扇動的な集会を禁じる布告を採択した。しかし、この措置が事の流れを変えることはなかった。一八三四年から開催されている聖ヨハネ祭は、反イギリスの祝祭と化す。八月中旬、議員たちが新たな会期に際して招集された。一部の議員は、輸入された生地で作られた衣服を拒否し、植民地産の生地で作られた服を身に纏って出席した。アチソン総督にとって、状況を掌握する唯一の方法は、憲法を停止し、植民地を準軍事政権下におくことであった。

ドリック・クラブの活動はますます活発になった。同クラブのメンバーたちは、モンレアルの街中を何度も行進した。若手の愛国者たちは、ドリック・クラブに対抗して、一八三七年九月、〈自由の息子たち〉と称する組織を新たに立ち上げた。また、〈イギリスライフル軍団〉と呼ばれる英語系の団体も新たに結成される。この団体の使命は、反乱が起きた時に職業軍人たちを援助することで、一二〇〇人を武装させることが可能であった。

愛国者たちの集会が頻繁に開催され、政府に対する異議申し立ての度合いを高めるような決議が採択された。その中でももっとも重要な集会は、リシュリュー川流域にあるサンシャルル〔モンレアルの北東三〇キロメートル〕で一八三七年十月二十三日に開催された。何千人もの人びとが参加した。フリジア帽をいただく自由の木を植えた。武装した民兵たちが直立不動で並んでいた。カナダ産の生地で仕立てた服を纏ったパピノーが、リーダーとして熱弁をふるった。パピノーは、まだ憲法上の手法を使い果たしたわけではないと訴えた。それは、武力の使用に傾く人びとに対する警告でもあった。サンドニの愛国者たちを率いていたウォルフレッド・ネルソン〔一七九一―一八六三、イギリス王党派の家に生まれながら、パピノーを始めとするフランス系カナダ人と共に活動。後にモンレアル市長となった〕は、パピノーとは違う意見を持っていた。「私の考えはパピノー氏とは違う。機は熟している。溶かして銃弾を製造するため、錫製の大皿とスプーンは別に保管しておくことをお勧めする」。集まった五〇〇〇人は、「反乱の旗を掲げた」ことを認識する。その翌日には、ラルティーグ司教が恭順を訴える以下のような教書を発出した。「主権を有する民であるという口実のもと、誰かが政府に反旗を翻すことをそそのかしても、皆さんは引き込まれてはいけない」。司教は、武器を手に死んだ場合、聖職者による葬儀は執り行われないと脅した。

アチソン総督は鎮圧に動く。一八三七年十一月十六日、二六人の愛国者に対して逮捕状が出される。パピノーの首には賞金がかけられた。サンシャルルの愛国者たちが立てこもりを始めたため、手遅れにならないよう軍の出動が命じられた。同月二十三日、サンシャルル直前の村、サンドニまで進軍した。多くの愛国者たちは装備が十分ではなかったが、ウォルフレッド・ネルソンを大将として、政府軍の進軍を食い止めることに成功する。戦闘の直前、パピノーはサンシャルルを後にした。一部のものは、彼が逃走したと非難した。二日後の十一月二十五日、愛国者たちはサンシャルルで敗北することとなる。兵士と英語系志願兵たちにより、この地域は廃墟と化した。ドゥモンターニュ地域のサントゥスタシュ〔モンレアルの北西三五キロメートル〕に拠点を構えていた愛国者たちは、十二月十四日、軍規の乱れた兵士たちにより一掃された。愛国者たちが一八三七年の戦闘を始めたわけではないことに留意する必要がある。愛国者たちは、ただ、イギリス軍の進軍を食い止めようとしただけであった。

　年が明けると、状況は一変した。パピノーは退却し、逮捕されることを恐れて米国に逃れた愛国者たちは分裂していた。ロバート・ネルソン〔一七九四―一八七三、ウォルフレッド・ネルソンの弟〕が、戦闘を継続したい愛国者たちを率いることとなった。一八三八年二月二十八日、ロワー・カナダを短時間訪れたネルソンは、ロワー・カナダ共和国の独立を宣言する。宣言では、「先住民《ソヴァージュ》」も含むあらゆる市民が同じ権利を有することを明示した。教会と国家の分離、領主制の廃止も明記された。また、死刑は殺人にしか適用されないこと、報道の自由が確保されること、選挙は秘密投票で行われること、「公共的なことについては、フランス語と英語を使用する」ことも盛り込まれていた。愛国者たちの中には、英語系や、自由という理念に共感しヨーロッパから参加していた傭兵もいたことに留意する必要がある。さらに、アッパー・カナダでも反乱が起きていた。

一八三八年秋の革命は、完全な失敗に終わった。何百人もの愛国者たちが投獄された。簡単な訴訟の後、ロワー・カナダの愛国者一二人が絞首刑となり、五〇人以上がオーストラリアのニューサウスウェールズに追放された。アッパー・カナダでは一七人が処刑され、一三〇人が流刑となった。

一八三八年、イギリス政府は新たな調査官としてダラム卿を北米に派遣した。予定よりも早くイギリスに帰国した直後、あの有名な報告書〔一八三九年にイギリス政府に提出された「英国領北アメリカに関する報告書」のこと。ダラム報告書と呼ばれることが多い〕を書き上げた。主な提言は二つ。アッパー・カナダとロワー・カナダを統一することと、できるかぎり多くの移民を植民地に送り込むことであった。この二つの施策により、フランス語系住民の同化が次第に進むと同時に、マイノリティとしての地位に追いやられることになるだろうとされた。フランス系カナダ人に対する彼の評価――つまり、「フランス系カナダ人は、歴史も文学も持たない遅れた民である」――は現在でもよく知られているが、間違った解釈が行われることが多い。ダラム卿は、フランス語系住民が歴史や過去を持たないということを強調したわけではなく、歴史書がないということを強調したのである。数年後に発刊されたフランソワ＝グザヴィエ・ガルノー〔一八〇九―一八六六〕による『カナダ史』が最初の歴史書であった。さらに、カナダ人たちには文学もまだなかった。一八三七年、最初の小説が発行された〔フィリップ・オベール・ド・ガスペ・フィスによる『一冊の本の影響』〕が、フランス系カナダ文学を語るには不十分であった！

　イギリス政府では、ダラム卿の主な提言に則った決定が行われた。一八四〇年七月二十三日、ヴィクトリア女王は連合法を裁可する。この法律により、アッパー・カナダとロワー・カナダは、カナダ植民地として再統合され、「連合カナダ」という名称でも知られることとなった。立法議会は八四議席で構成され、各植民地に四二議席が割り当てられた。この割り当ては、（フランス語系が多数派を形成する）ロワー・カナダにとって不利なものであった。というのも、ほぼ全住民が英語系であるアッパー・カナダに比べて、二〇万人も人口が多かったからである。したがって、カナダ植民地の議会では、英語系議員が多数派となることが予見されたのである。また、両植民地の借金も統合された。これもロワー・カナダにとって不利なものであった。アッパー・カナダでは、道路と建物が多数建設されたため、一二〇万ルイ金貨〔フランスで鋳造された金貨。当時のカナダ植民地では、フランス、イギリス、ポルトガル、スペインで鋳造された通貨が使われていた〕の借金があった。一方、支援金をめぐるいざこざで数年間にわたって政府がほぼ麻痺状態にあったロワー・カナダの借金は、九万五〇〇〇ルイ金貨しかなかった。つまり、ロワー・カナダの住民が、隣の植民地の発展の費用を支払う形になったのである！　最後に、連合法第四一条において、英語が行政機関における唯一の公用語として定められたことである。歴史家のドニ・ヴォージョワ〔一一一頁参照〕による「新たな征服」という描写は、もっともなことである。

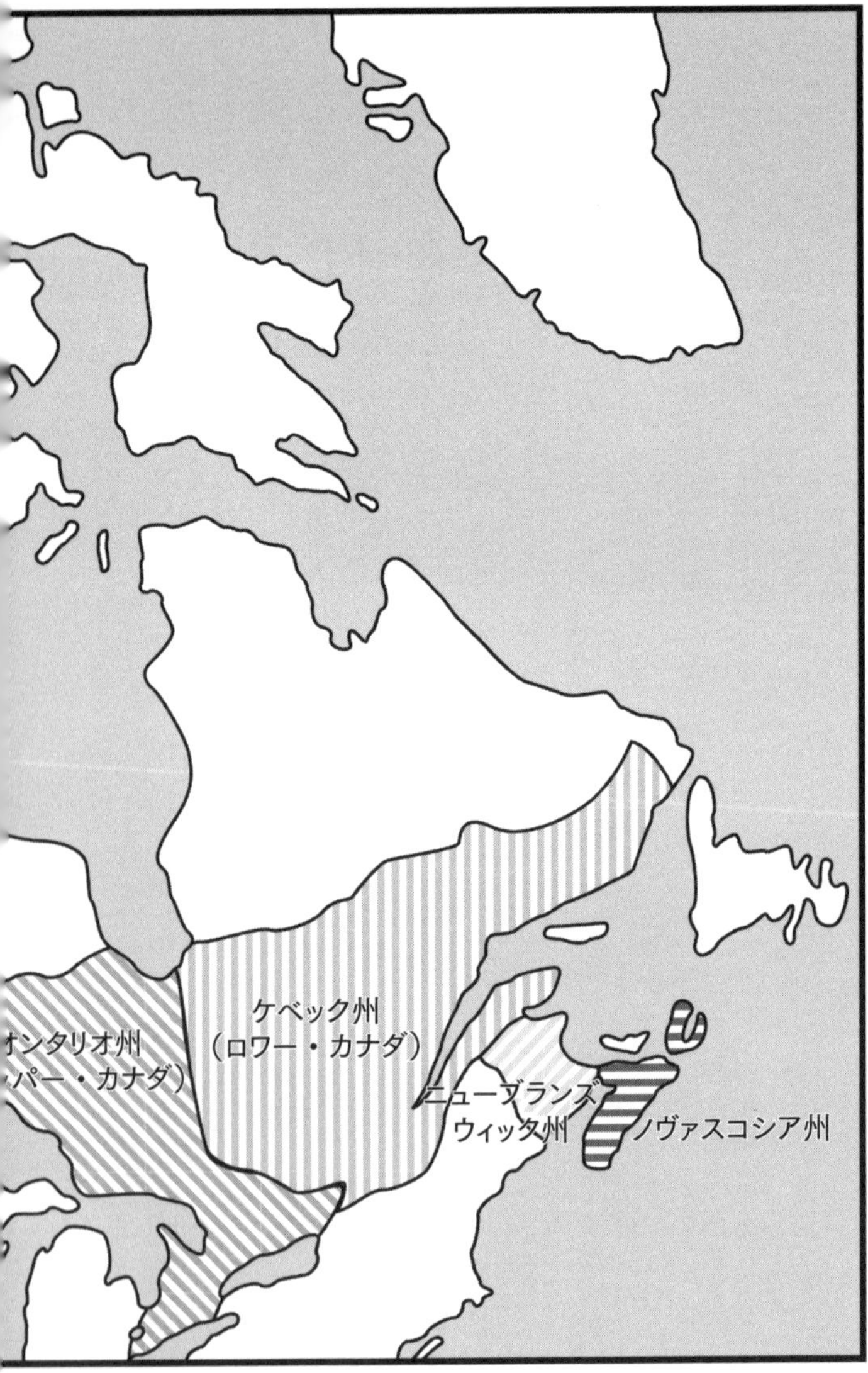

ケベック州
（ロワー・カナダ）
オンタリオ州
ッパー・カナダ）
ニューブランズ
ウィック州
ノヴァスコシア州

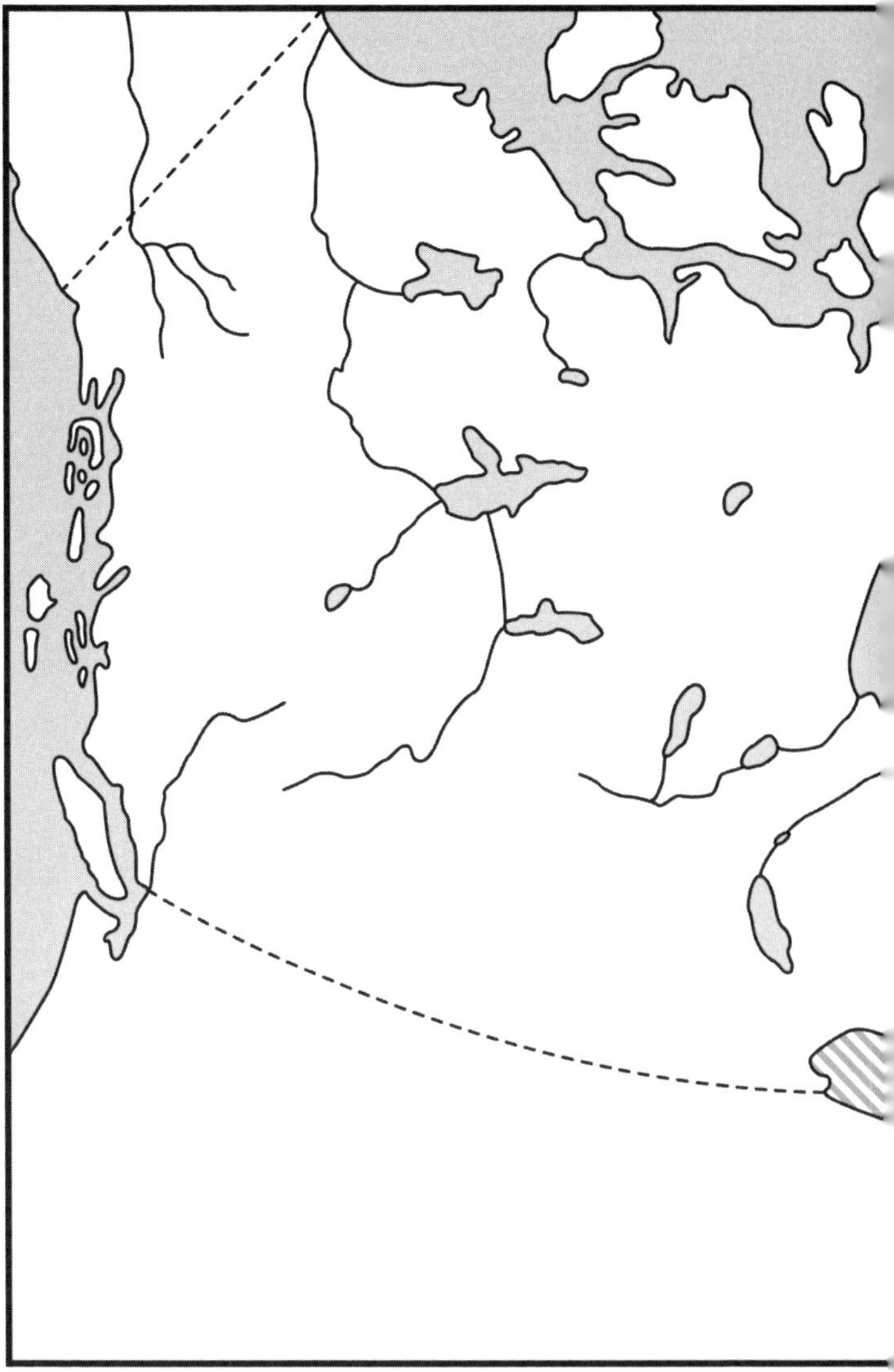

1867 年，4 つの州が連合しカナダが形成された。

第七章　新憲法に向けて――自治領カナダの誕生（一八四〇―一八六七年）

英語系住民が「カナダ人（Canadians）」と自分たちのことを呼び始めたことを受けて、フランス語系カナダ人たちは、自分たちのことを「フランス系カナダ人（Canadiens français）」と徐々に呼ぶようになった。フランス系カナダ人たちは、新たに制定された憲法がもたらす不利な影響を無効にする方法を探していた。その頃、ルイ＝イポリット・ラ・フォンテーヌ〔一八〇七―一八六四、ロワー・カナダ出身の穏健的改革派政治家。ロバート・ボールドウィンとともに責任政府の樹立に尽力し、一八四八年にはボールドウィンと連合カナダ初の責任政府を率いた〕という名の新たなリーダーが現れた。第一回総選挙に合わせて一八四〇年八月に発表した宣言書の中で、連合カナダに関する彼自身のヴィジョンを明確にした。「連合カナダの創設がついに布告された！　イギリス議会の考えでは、将来、カナダは一つの植民地にならなければならないとされている。この大きな政治的措置は、両植民地の人びとの利益になるのだろうか。なぜなら、唯一無二の議会の活動が両植民地の人びとを支配することになるからである。この問題の解決には時間が必要である」。

連合カナダの成立は、両植民地が一つの首都を共有することも意味した。政府はキングストンに置かれた。ロワー・カナダに首都を置きたくはなかったが、あまり遠くない場所を選定する必要があった。連合カナダ議会の会期が始まると、一部の議員が責任政府の樹立を要請した。この問題は、ラ・フォンテーヌにとってもっとも重要な案件であった。アッパー・カナダの有力政治家、ロバート・ボールドウィン〔一八〇四―一八五八〕も同じ考えで、二人は手を組むこととなった。一八四二年、チャールズ・バゴット総督〔一七八一―一八四三、イギリス人政治家。一八四一年から四三年まで総督を務めた〕は、二人を入閣させた。九月十三日、ラ・フォンテーヌはフランス語で発言した。すると、トロント選出の議員が英語で発言するよう求めた。ラ・フォンテーヌは、タイミング悪く発せられたこの要求に対して、次のように反論した。「本院において私がはじめて発言するにあたって、彼は、私に母語とは違う言語で発言するように求めた！　ただ、私は自分の英語力に自信がない。しかし、尊敬すべき議員や、他の議員の皆さん、そして市民の皆さんに対して、怯むことなく私が正義と感じるところを申し上げたい。たとえ、私の英語力が、フランス語と同程度であったとしても、議会での最初の発言では、フランス系カナダ人の同胞たちの言語を使う。これは、カナダの人口の半数の母語を排除しようとした連合法がもたらす残酷な不正義に対する正式な異議申し立てである。同胞たちのため、そして私自身のためにも、これは必要なことである」。

キングストンが首都であることに過半数の議員が反対した。そこで、モンレアルに遷都することになったが、今度はアッパー・カナダ選出の議員たちの一部から不満が出た。アッパー・カナダの新聞では次のように報じられた。「われわれにとって、アッパー・カナダの外への遷都を認めることは、米国に併合されること以上の不幸である」。フランス系勢力による支配拡大を恐れたのである。一八四四年の総選挙では、複数の場所で暴動が発生し、モンレアルでは治安維持のために軍隊の出動が必要だった。

その次の会期中、一八三七年の騒乱時に財産を失ったアッパー・カナダの住民への補償を定めた法律が、議会の過半数を得て採択された。ラ・フォンテーヌは、ロワー・カナダの住民に対しても同一の措置をとる法律の採択を求めた。その頃、〔オーストラリアの〕ニューサウスウェールズに追放されていたロワー・カナダの愛国者たちの大多数が、すでに帰国あるいは帰国しようとしていた。

ロワー・カナダでは、アイルランド系移民の多くが、フランス系カナダ人の主張に対する支持を明らかにしていた。毎年、ケベック港は数万の移民を迎え入れていた。その多くは、米国あるいはアッパー・カナダを目指したが、サンローラン河流域に定住する移民も一定数いた。モンレアルでは、アイルランド系プロテスタント教徒とカトリック教徒が、それぞれ自分たちの司教区を持っていた。一八四七年、英語系カトリック教徒のために、聖パトリック司教区が設置された。この年、感染症ももたらされた。この伝染病を持ち込んだのは、大飢饉で母国を後にしたアイルランド人たちを乗せたイギリスの船であった。このチフスの蔓延は、一万四〇〇〇人近くの死者を出した。

この頃、さまざまな政党が形を成し始める。二重の多数派というテーマが問題になった。すなわち、政府が権力に留まるために、連合カナダを構成する二つの地域のそれぞれで多数派を獲得しなくてはならないかどうかという問題である。さらに、責任政府の付与という要求もそこに加わった。この時期、連合カナダの米国への併合を希望する人びとが現れ始めた。このような人びとは、自由貿易を始めたイギリスに見捨てられたと感じていた。植民地の商業活動、輸出入をイギリス船の船上のみに義務化する法律の廃止を唱えた。このような法律があるかぎり、自由貿易を真に実現することはできないからである。二つの民族集団での緊張と同様、イギリスに対する不満も高まっていた。

一八四八年初頭、総選挙が実施された。二年以上の国外追放を解かれて戻ってきたルイ＝ジョゼフ・パピノーも当選した。モンレアルの新聞『モーニング・クリエ』は、一月二十六日付の紙面で次のように報じた。「もはや、保守派と過激派の争いではなく、民族同士の戦争である。そして、決定を迫られている問いは、フランス系カナダ人がイギリス人に抵抗するか、木こりや水の運搬人にとどまるかである」。翌年は、対立の一年となる。責任政府が実現し、連合法第四一条は効力を持たなくなった。実際、ダラム卿の娘婿であるエルギン総督〔一八一一―一八六三、第八代エルギン伯爵。一八四七年から五四年まで総督を務めた〕は、施政方針演説を英仏二言語で読んだ。

経済危機が生じたことで、総督の努力にもかかわらず、政治状況は悪化する。一八三七年から一八三八年の反乱で財産を失ったロワー・カナダの住民に対する補償を目的とした法案が緊張を高めていた。同法案で補償対象とされたのは、規律の乱れた軍人や英語系志願兵の狼藉で財産を失った住民たちであった。さらに、裁判で有罪判決を受けていないことが補償の条件であった。ただ、有罪判決を受けていなければ、反乱に加担していても補償の対象となるため、一部の人びとにとって、同法案は反乱を奨励する手当てのようなものに思われた。「補償に関する法案」は、ラ・フォンテーヌ＝ボールドウィン内閣が多数派を形成している庶民院で採択された。立法評議会においては、五票差で可決された。ここで問題になったのは、エルギン総督が法案を裁可するかどうかであった。その頃、アッパー・カナダでは、愛国者たちへの補償に対する激しい批判が巻き起こった。ある新聞では、「サクソン人かフランス人、二つの民族のうちどちらかがカナダから消滅しなくてはならない」と決闘として論じた。

政情不安への懸念をよそに、エルギン総督は一八四九年四月二十五日水曜日、法案を裁可した。『モントリオール・ガゼット』紙は、号外の中で反乱を呼びかけた。「終わりの始まりである。アングロ・サクソンたちよ、未来を切り拓くために生きよ。血と民族こそが、皆さんをアングロ・サクソンたらしめるものである。あなた方は、たとえもはやイギリス国民ではなくても、イギリス人であれ。（……）今夜八時に、ダルム広場に集結せよ。今こそ戦いの時だ」。集会の直後、デモ参加者たちは、連合カナダ植民地議事堂に火を放ち全焼させた。その後、何日間にもわたって、暴動が拡大することとなった。

今回の事件によって、米国との併合というアイデアがふたたび広まることとなった。十月初旬、ジョン・モルソン〔一七六三―一八三六、起業家・政治家・慈善家。カナダ最古のビール醸造会社を設立。モルソン・カナディアンのブランドが有名〕、ジョン・レッドパス〔一七九六―一八六九、実業家・慈善家。製糖業を営むなど、モンレアルの発展に尽力〕、アントワーヌ＝エメ・ドリオン〔一八一八―一八九一、弁護士・政治家・判事。米国の自由主義理念や制度を高く評価していた〕をはじめとする三〇〇人以上が、併合を求める意見書に署名した。この併合が実現すれば、資本、管轄権の問題、市場の拡大、より安価な製品、新たな鉄道、カナダ産木材の販売価格の上昇、経済的で簡素な政府といった、あらゆる問題がすぐに解決すると信じられていた。天国のような状態を想像していたのだ！　しかし、この試みは失敗に終わり、新たな問題が注意を引くことになる。どの都市が新首都になるのかという問題である。というのも、首都がモンレアルであり続けることは問題外であった。エルギン総督が選んだのはトロントだった。

ここまで述べてきた出来事はすべて一八四〇年代に起きたことだが、この時期、ロワー・カナダは大きく変化した。フランス系カナダ人社会では、カトリック信仰の存在感が徐々に大きくなり、権力も持つようになった。フランスの司教、シャルル＝オーギュスト・ド・フォルバン＝ジャンソン〔一七八五―一八四四〕が布教のためにロワー・カナダを訪問したことが、信仰への引き篭もりの始まりであった。その直後、イエズス会の修道士が戻ってきた。聖ヴィアトール修道会、オブレート会、聖十字会もやってきた。修道女会もいくつか設立された。たとえば、聖心会、アンジェに本拠を置く、ボン・パストール修道会である。さらに、新たな教団もカナダで設立された。プロビデンス修道女会、イエスとマリアの聖名修道女会、慈悲修道女会、サンタンヌ修道女会である。教会の存在は、教育と福祉の分野でとても重要であった。「悪書」による脅威に対抗するため、教区には図書室が設けられた。そこでは厳しい検閲が行われた。自由主義については、どのような形式のものであれ闘うべき敵とされた。創設されたばかりの自由党は、改革主義として批判された。聖職者の中には、この考え方をフランスの自由主義と同じものとみなすものもいた。思想と言論の自由は教会にとって脅威となった。

一八四四年十二月にカナダ学院が設立されたことは、一部のフランス系カナダ人の知的生活において大きな転機となった。学院の創設に立ちあったジャン＝バティスト＝エリック・ドリオン〔一八二六―一八六六、ジャーナリスト・政治家。アントワーヌ＝エメ・ドリオンの弟。兄と同じく自由主義を信奉し、政教分離を訴えた〕は、その目的を以下のように明示した。「社会に出ていく若い男性一人ひとりが、純粋な愛国主義を吸収し、学院の図書館を利用して学び、そして、あらゆる階級と立場に開かれた議論に参加して演説をすることに慣れるためにやってきて互いに切磋琢磨する中心的な機関である」。一八五五年、カナダ学院モンレアル支部には、七〇〇人の会員がいて、一〇〇〇以上の新聞を所有する閲覧室と、およそ四〇〇〇〇冊の蔵書がある図書館を利用することができた。しかし、一部の蔵書は「禁書目録」に掲載され、その閲覧については、信仰上の大罪としてカトリック教会が禁じていた。当時、このような場所は六〇以上あった。モンレアル支部は、ブルジェ司教〔一七九九―一八八五、一八四〇年にモンレアル司教に任命。教皇至上主義を唱えた〕の嫌悪の的となっていた。学院の会員に多くの自由主義者がいたことが、教会からの非難を招き続けることとなった。それが収まったのは、一八七七年にウィルフリッド・ローリエ〔一八四一―一九一九、ジャーナリスト・政治家。一八九六年から一九一一年まで第七代カナダ連邦首相を務めた〕がイギリスの自由主義とフランス系の原理主義的な自由主義とを区別した時〔一八七七年六月二十六日にケベック市のカナダ・クラブで行った自由主義に関する演説。政治的な自由主義とカトリックの一部が唱える自由主義とを区別した〕であった。

一八五〇年代後半、アッパー・カナダの人口がロワー・カナダの人口を上回った。これに伴い、二つの地域の平等な代表性が公正に確保されていないという問題がふたたび浮上した。この問題は連合法の制定時にも懸案となったが、連合カナダ成立時は、アッパー・カナダの人口の方が少ないという逆の状況であった。ジョージ・ブラウン〔一八一八―一八八〇、ジャーナリスト・政治家。カナダ連邦結成の父の一人。現在の『グローブ・アンド・メール』紙の前身、『グローブ』紙を創設〕は、何かにつけて「レップ・バイ・ポップ（Rep by pop）」、つまり、住民数に比例した代表性のあり方を主張していた。この要求は、自由党と保守党が争った一八五七年の総選挙での争点の一つとなった。ロワー・カナダでは、ジョルジュ＝エティエンヌ・カルティエ〔一八一四―一八七三、カナダ連邦結成の父の一人。カナダ連邦結成にあたっては、フランス系カナダ人の代表として大きな役割を果たした〕が、ラ・フォンテーヌに代わってフランス系カナダ人の指導者となった。カルティエは、アッパー・カナダ出身の保守党党首ジョン・A・マクドナルド

〔一八一五―一八九一、連邦結成の父の一人でカナダ連邦初代首相。在任期間一八六七―七三、一八七八―九一〕と手を組むことにした。というのも、連合カナダ議会で政権を掌握するには、ロワー、アッパーそれぞれの地域で多数派を形成する必要があったため、結果として政権の担当期間が徐々に短くなっていた。一八五七年から一八六四年の間、六つの内閣が誕生した。その中でもいちばん短かったのは、ジョージ・ブラウン＝アントワーヌ＝エメ・ドリオン政権で、わずか四日間で終わった。

不安定な政権が続く状態を受けて、政治家たちはより持続可能性のある解決策を模索せざるをえなかった。北米すべてのイギリス植民地を連合するという考え方が、多くの人びとに好意的に受け止められるようになっていった。一八五八年七月、シェルブルック市選出の議員、アレクサンダー・ティロッチ・ガルト〔一八一七―一八九三〕が、連邦設立につながるような一連の決議を提出した。当時の連合議会では行き詰まりを打開できないとガルトは考えていた。ガルトによれば、「ニューブランズウィック、ノヴァスコシア、ニューファンドランド、プリンスエドワード島の各植民地が、カナダおよび大陸西部の諸地域と連邦を形成することは非常に好ましいと考える。この手法によって、各州は、多様な利害と共通の利害の双方を追求できる。また、各州は、独自の制度と内政を管轄する行政機構を保持できる」。この案で全員がまとまることはなかったが、反対派の立場が明確になった。ジョゼフ＝シャルル・タシェ〔一八二〇―一八九四、医師・政治・ジャーナリスト・作家〕にとっては、中央政府の権限は、州政府の権限を反映するものであった。彼曰く、「連邦契約は、州ごとに分かれていた政府の権限を、永続的かつ不変的に中央政府に委譲するという原則に基づいている。権限の明確な割り当ては、成文憲法によって定められる」。

英領北米植民地の連邦化を進める背後にはいくつもの理由がある。鉄道は、植民地の中心地と大西洋に面している植民地を繋がないかぎり、発展し続けることができない。最終的に、一部のカナダ人政治家たちは、自分たちの重要性を示すことができるより広い舞台を思い描くようになった。イギリスでは、「小さなイギリス」を唱える人びとが、植民地の段階的な廃止を訴えていた。クリミア戦争以後、カナダに駐留するイギリス軍人の数が減少していた。一八六一年になると、アメリカを二分した南北戦争が勃発し、カナダ植民地の防衛が問題となる。一八六二年、植民地の民兵組織の改革が図られたが、ここでも英語系住民とフランス語系住民の対立が表面化した。アッパー・カナダの議員は、全員が提案に対して賛成票を投じたが、ロワー・カナダの議員は、自由党も保守党も反対票を投じた。マクドナルドはアッパー・カナダ選出議員の過半数の賛成を確保したが、カルティエは、議会でロワー・カナダ選出議員の過半数の同意を得ることができなかった。カルティエ－マクドナルド内閣は、総辞職を余儀なくされる。多くの英語系住民は、祖国防衛に関するフランス系カナダ人の背信行為とまでは言わなかったが、熱意のなさを非難した。ケベック市の『モーニング・クロニクル』紙によれば、この影響は重大なものだった。五月二十二日付の紙面では、「今回の投票行動は、国土防衛という死活問題に関して、国王に対する義務を果たしたくないというロワー・カナダの三七選挙区からの宣言である。全世界もこのように理解するであろう。どのように忠誠の誓いを立てようと、今回の印象を拭い去ることはできないだろう。ロワー・カナダの多数派は、イギリスとのつながりのための対価としていくばくかの金を払うこと、僅かな役務を果たすことを拒否した。かくして、自分たちの醜態を世界に晒すことになったのである」と述べた。ロンドンの『タイムズ』紙はもっと過激で、植民地関係が再検討されなければならないとの論調だった。

一八六三年、民兵に関する新たな法案が提出された。米国では激しい内戦が続き、一部ではカナダへの侵攻が取り沙汰されるなか、十月十五日、法案はついに国王の裁可を得た。法律では、十八歳以上六十歳未満の全男性が民兵になると定められた。とはいえ、判事、聖職者、コレージュ・大学の教員、宗教教育者といった一部の市民は兵役を免除された。言うまでもなく、議員も新法の適用を免れた！　同じく適用免除となったのは、医師、外科医、郵便局長、現役の船乗り、鉄道員、教師などである。さらに興味深いこととして、良心的兵役拒否者も武器を取ることを強制されなかった！　このことも記しておきたい。

政権の不安定さは、議会の審議を遅らせ続けていた。これに終止符を打つため、ジョージ・ブラウンは、連立政権の樹立を提案した。一八六四年五月十九日、彼の決議が採択される。この事実は、新たな憲法の設立に向けた動きの重要な段階を記すこととなった。当時、ケベック市が連合カナダの首都であった。大西洋沿岸地域の植民地が、九月初旬にも同地で会合を開き、統合の可能性について議論すると言われていた。オブザーバーとして招かれた連合カナダ植民地政府も参加した。同植民地政府は、連合カナダ植民地の参加なしに真に有効な統合は実現しないと訴え、ニューファンドランド、プリンスエドワード島、ノヴァスコシア、ニューブランズウィック各植民地の代表者を説得することに成功した。翌月の十月にふたたびケベック市で会合を開くこととなった。

一八六四年十月十日に開会したケベック会議での決定は、連邦形成に関心のある植民地の統合を目的とする法案作成を基礎づけるものとなった。北米のイギリス領植民地からやってきた三三人の代表たちは、「連邦結成の父」と呼ばれた。しかし、一部の代表者たちは、統合案に対する自分たちの植民地政府を説得することができなかった。議論の重要な争点は、統合が議会の統一、あるいは連邦を意味するのかということであった。もう一つの重要な争点は、中央政府内部において各植民地がどのように代表されるかということであった。大西洋地域の植民地が固執したのは、植民地横断鉄道の建設であり、その終着駅は、ニューブランズウィック植民地のセントジョン、あるいはノヴァスコシア植民地のハリファクスであった。会議で採択された七二の決議については、各植民地の議会での批准が必要とのことで一致した。

議会での法案審議が開始される前、ロワー・カナダの自由党党首アントワーヌ＝エメ・ドリオンは、統合に関する住民投票を実施するべきだと唱えた。彼にとって、提案された統合は、「国の発展と繁栄を遅らせるものでしかなかった」。「統合はカナダの利益に反するものだと思われるし、とりわけ、ロワー・カナダにとっては惨憺たる結果を招くものであると思われ、これを拒否するものである」と結論づけている。一八六五年三月に始まった審議において、マクドナルドは、立法府の統合が最善の形式であると主張した。しかし、イースト・カナダ（ロワー・カナダの新たな呼称）のフランス語系住民は、強く反対していた。カルティエは、「連邦制以外の案はありえない。民族と宗教の違いのせいで連邦が機能しないと主張する人びとが一部いる。この考え方に共鳴する人びとは間違っている。まったく逆である。多様な民族、地域の利害関係があるからこそ連邦制の確立が大事であり、十分に機能するであろう」と評価した。

一八六五年三月十日、ケベック会議で採択された決議は、連合カナダ議会において、一二四人の議員のうち、九一人が賛成して批准された。歴史家のジャン＝ポール・ベルナールの分析によれば、「ロワー・カナダの六二人の議員のうち、三七人が連邦結成に賛成票を、二五人が反対票を投じた。しかしながら、投票結果をより詳細に分析すると、四九人のフランス系カナダ人議員のうち、二七人しか賛成していなかったことが分かる」。彼の分析をさらに進めると、フランス語系議員のうち二五人が賛成し、二四人が反対していた。多数派と言ってもほんの僅かな差だったのである。

連邦結成を現実のものとするには、イギリス議会がこの件に関する法律を採択しなければならなかった。植民地の将来的な統合は議題として上げられていたが、新たな懸念が持ち上がっていた。フィニアン運動〔アイルランドのイギリスからの独立を武力によって達成しようとする運動〕に関わる在米アイルランド人たちによる、連合カナダ植民地奪取計画である。奪取した連合カナダ植民地をイギリスに返還するかわりにアイルランドの独立を承認させる算段だった。この脅威に対抗するため、ケベック市とモンレアルでは、多くの民兵が武装した。領土防衛のためであれば戦火を交えることも厭わない一五〇〇人のイロクォイ人〔一六頁参照〕戦闘員も、連合カナダ植民地政府側に加わった。

ただ、フィニアン団による侵攻よりも大きな懸念は、ロワー・カナダの英語系マイノリティの境遇がどうなるかであったのだろう。彼らは、フランス語系多数派によって切り捨てられることを恐れていた。この不安を払拭するために一部の政治家が主張したことは、たとえ立法議会が多数のフランス語系議員で占められたとしても、国王が任命する立法評議会議員については、マイノリティの守護者としての役割を果たすべきというものであった。さらに、英語系有権者が多数派を形成する一部の選挙区に関しては、選出議員の許可なしに廃止したり、区割りを変更したりすることはできないことも主張された。最後に、プロテスタント系学校、したがって、確実に英語系学校の存在を確保することを求める条項もあった。公正さを確保するため、アッパー・カナダのカトリック系学校にも同じ権利が与えられることとされた。ジョルジュ＝エティエンヌ・カルティエは、両者の合意に向けて積極的に動いた。一八六六年十月、モンレアルで開催された祝宴において次のような宣言がなされた。「フランス系カナダ人は、イギリス人を恐れるべきではない。結局のところ、彼らはそんなに恐ろしい存在ではない。むしろ、彼らの活力や忍耐力を称賛し、真似てみよう。素晴らしいフランス系カナダ人であるためには、我が民族の美点のみならず、イギリス系カナダ人のもっとも優れた点も備えなければならない」。

ロンドンでは、まず貴族院で法案が審議され、一八六七年二月二十六日に可決された。庶民院では、この法案は議員の関心をほとんどひかなかった。イギリスの下院議員たちは、猟犬への課税を目的とした法案の方に関心を抱いていたのだ！　審議、もしくは審議の不在に立ち会ったマクドナルドは、「連邦結成は、二、三の小教区の提携ぐらいにしか扱われていなかった」と記している。三月二十九日、ヴィクトリア女王は、英領北アメリカ法を裁可した。同法の施行は、七月一日と定められた。

四つの植民地――ロワー・カナダ、アッパー・カナダ、ニューブランズウィック、ノヴァスコシア――が一緒になり、新たな国カナダが誕生した。カナダという国名は、女王によって認められたものである。新憲法は、連邦政府と州政府という、二つのレベルの政府を設定した。連邦政府は、一つ以上の州にかかわるすべての事項に関して権限を持っている。連邦政府は、「平和、秩序、カナダ政府に関して、すなわち、英領北アメリカ法が州議会にのみ割り当てている事項以外のすべての事項に関して」法律を作る権限を有している。これは、アメリカ合衆国憲法とは逆である。同憲法では、中央政府に属さないすべての事項は州の権限になっている。

カナダでは、貿易・通商に関する規制、郵便、陸海軍、船舶の航行に関わること、通貨・貨幣に関わること、銀行、度量衡、利息、特許、著作権、外国人の帰化、刑務所、刑法、「先住民《ソヴァージュ》および先住民居留地《ソヴァージュ》」、婚姻・離婚といった事項が連邦政府の管轄とされた。州政府に割り当てられた権限は限られたものであった。それらは、婚姻儀式の執行、民法、州内の刑務所、病院、州有地の管理・売却、地方公共団体制度、「州内における純粋に地方的または私的な性質に限られるすべての事項」であった。要するに、州政府が管轄する事項はほとんどなかった！　しかし、同法第九三条では、教育が州の専権事項であることが書かれている。言語に関しては、公式な二言語主義は、カナダ連邦議会とケベック州議会の「文書記録」および議事録に限定された。両議会の審議におけるフランス語と英語の使用については、発言者の任意とされた。このことは、連邦政府およびケベック州政府が設置した裁判所でも同じであった。最後に、カナダ連邦議会およびケベック州議会で成立した法律については、二言語で印刷し、発行することが義務付けられていた。移民と農業の二分野については、連邦政府と州政府が権限を共有した。大西洋沿岸諸州については、植民地横断鉄道の建設がカナダ連邦加盟の条件であったため、この事項のみを扱った条項も盛り込まれた。

オタワでは、一八六七年の聖ヨハネ祭祝賀行事において、カルティエが得意になって演説した。

「連邦は、枝がさまざまな方向に伸びる木のようなもので、枝は幹にしっかりとつながっている。われわれフランス語系カナダ人は、その枝の一つである。われわれはこのことを理解し、共通の利益のために尽力しなければならない。正確な理解に基づく愛国主義とは、狂信的な考えの下で奮闘することではない。それは、愛するものを保護しながら、隣人が自分よりも苦しんでいる状況に置かれないようになることを望むことである。皆さん、この寛容さを以て、われわれはより大きな企てのために手を組むのである。その中で、われわれが名誉ある役割を一部で果たすことを求めることがわれわれの志である」。カナダとケベックにとって、新たな時代が幕を開けたのである！

1869年から使われたカナダの国璽。中央にはヴィクトリア女王の姿があり，下部には，カナダ国璽を意味する「In Canada sigillum」と記されている。連邦結成後，最初の2年間は，イギリス軍を意味する一時的な印璽が使われていた。

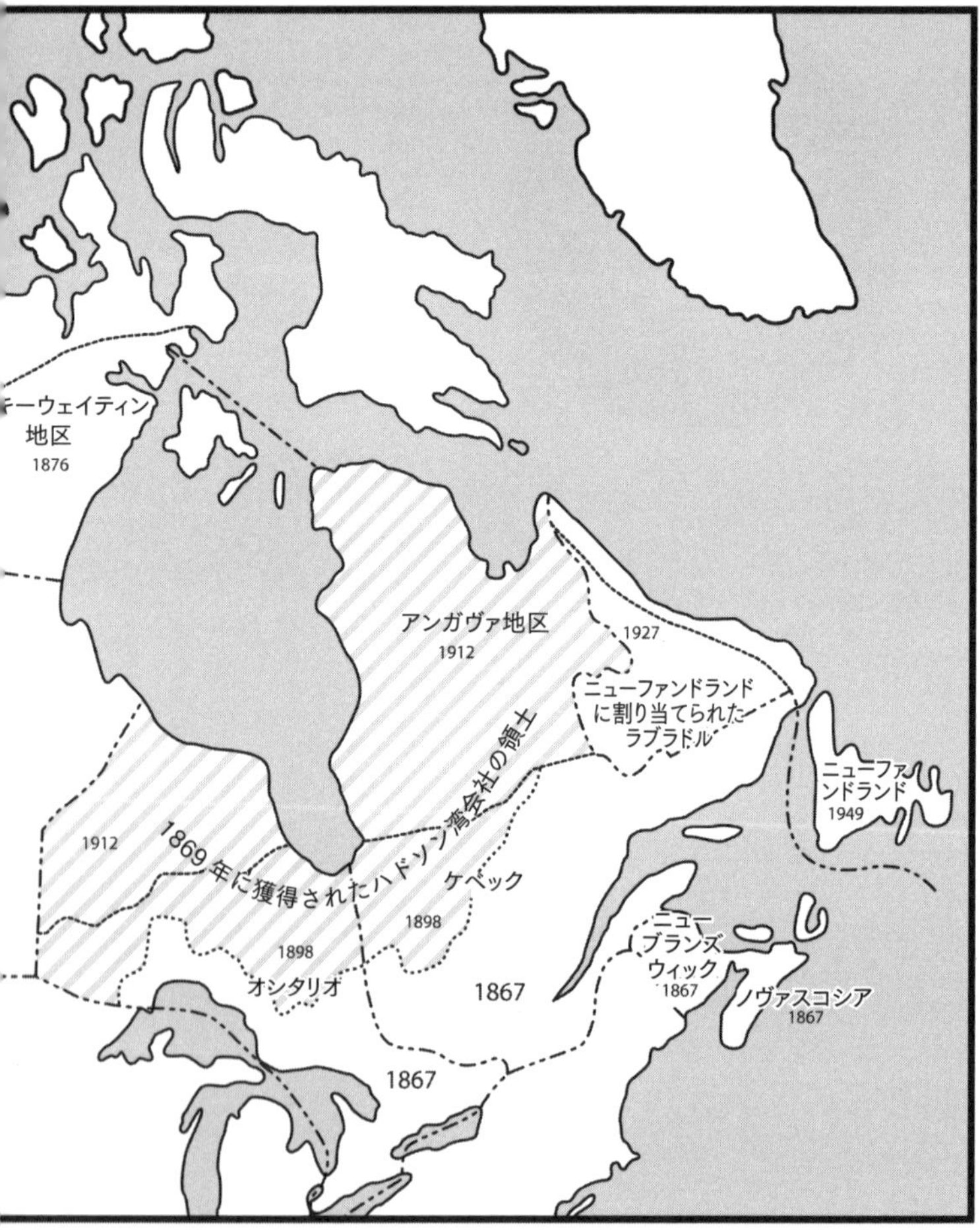

67 年以降のケベック州の変遷〔数字は西暦でその地域がカナダに併合された年を指す〕。

第八章　独特な州――フランス系カナダ人のナショナリズム（一八六七―一九一三年）

連邦結成《コンフェデラシオン》が現実のものとなっても、ケベック州の自由党はそれを批判し続けた。自由党の指導者アントワーヌ＝エメ・ドリオン〔一二二頁参照〕は、これを破局であると見なして次のように総括している。「一、連邦結成は忌まわしい。フランス語が禁じられ、われわれの宗教が脅かされるおそれがある。二、連邦結成は、歳出と直接税の増大を引き起こす。三、連邦結成は、徴兵制と入隊を課すおそれがある。四、連邦結成は、防衛と植民地間鉄道のための歳出が莫大なものにする。五、連邦結成は、産業と労働者を破壊するおそれがある。六、連邦結成となれば、われわれはアメリカ人に背を向けることになる」。

カトリック大司教座は、これとは反対の見解を示している。いまや連邦結成が正式に決まったからには、カトリックはもはや反対すべきではない。司教のなかには教書を公布し、教会の信徒たちに服従の義務を注意喚起する者もあった。トロワリヴィエール司教区の司教トマ・クック〔一七九二―一八七〇〕はこの点について次のように明言している。「われわれが知るところでは、連邦結成が裏切り行為であると思わせるに足るものについては何もない。このことについては、すべての州のもっとも献身的でもっとも賢明な人びとによって、十分に時間をかけて議論がなされ、十分に注意深く検討がなされており、すべての疑念が払拭されている。（……）この計画が帝国政府の認可を受けて、国の基本法となった現在、カトリック教徒としてのわれわれの義務は、この問題についてのあらゆる議論に終止符を打つことである旨を、あなたたちに認識してもらうことである。（……）親愛なる兄弟よ、あなたたちはカトリック教徒として、そして秩序と結合と平和の誠実な友として、良心に基づき、自分の力の及ぶかぎり、あなたたちの善意を傾けて、まもなく発布される憲法がうまく機能するようにしなければならない」。

教区の司祭のなかには、自由党に投票すれば重大な罪を犯すことになると説教壇から教区民に警告を発する者もいた。投票は公開主義でなされていたので、もし嘘をついて自分の罪を告解しなければ、司祭たちは誰が地獄落ちになるかを容易に知ることができた。このような警告にもかかわらず、一三の選挙区で自由党の候補者が勝利を収めた。ということは、ケベック州から選出される連邦下院議員六五人のうち、五二人が保守党員だったということである。州レベルでもほぼ同様の結果になった。兼務が可能だったため、候補者の一部は〔カナダ連邦〕庶民院にも〔ケベック州〕立法議会にも選出されたが、そうすると〔両議会の〕会期中審議に出席する都合をつけるのは難しかった。

ケベック州最初の議会の最初の会期が開かれたのは一八六七年十二月二十八日のこと。副総督による国会開会の勅辞は、まずフランス語で、そのあと英語でなされた。これは非常に斬新なことだった、というのも、旧憲法下では英語が優先されていたからである。人口の七五パーセントがフランス語を話していたが、言語問題を懸念する者は少なからずいた。一八六六年六月二十五日、オタワにて、トロワリヴィエールの協働司教ルイ＝フランソワ・ラフレッシュは、洗礼者聖ヨハネ祭の説教のなかで、二言語主義はフランス語系住民にとって脅威であると述べた。「征服によってわれわれに課されたもっとも重い税とは、英語を学ばなければならないことである。その税は忠実に払うとしよう。しかし納税は必要なだけに留めておこう。われわれの言葉がつねに第一に来るべきなのである。ヨーロッパの第一言語を話すことにこだわろう。そして、この強力なネイションの絆をわれわれのもとで強化するのである」。

言語と宗教の問題は、その時点までにニューイングランドに移住していた、また引き続き移住していた何千人ものフランス系カナダ人に関する不安も引き起こした。南北戦争の終結によって移住の動きはふたたび活発になった。一八六〇年時点で三万七四〇〇人だったフランス系アメリカ人の数は、二〇年後には二〇万八〇〇〇人になった。彼らは「リトル・カナダ」を結成し、民族教区と呼ばれた場所に集まった。そこでは、宗教儀礼はフランス語で行われた。しかし、アメリカのカトリック教会の高位指導者たちは、これらのカナダ人を、英語を話すよきアメリカのカトリックにするために力を注ぐべきではないかと考えはじめていた。

ケベック州における宗教指導者の態度は、これとは反対のものだった。教会は国家よりも上位にあり、国家は教会にしたがわなければならないという原則に基づいて、司教や司祭や俗信徒たちは、選挙に影響を与えることで、自由党員の選出を防ごうとした。一八七一年に発表された「カトリックの計画書」は、したがうべき方針を示している。「政治と宗教が密接に結びついていることは、否定すべくもない。教会と国家の分離は、馬鹿げており不敬虔な思想である。（……）宗教、政治、社会経済におけるローマ・カトリックの教義を忠実かつ完全に守ることは、カトリックの有権者がカトリックの候補者に要求しなければならない第一の、そして主要な資質である」。司祭のなかには教区民に「不当な圧力」をかけて、保守党に投票させようとする者もいた。そして、「不当な影響力」があったことを認めて裁判所が選挙を取り消す事態も出てきた。

とはいえ保守党議員も、州レベルでも連邦レベルでも、あらゆる疑いをまぬがれていたわけではない。ケベック州の一八七二年の連邦総選挙は汚職にまみれていた。ジョン・A・マクドナルド〔一二五頁参照〕政府は、モンレアルと前年からカナダの州となっていたブリティッシュコロンビアを結ぶ鉄道建設計画を手がけていた。二つの金融機関がこの計画に関心を持っていた。閣議決定に影響を与えて契約を取りつけようと、片方の金融機関が保守党議員に三〇万ドルを支払い、再選を助けようとした。〔ジョルジュ＝エティエンヌ・〕カルティエ〔一二四頁参照〕、マクドナルド、エクトール・ランジュバン〔一八二六―一九〇六〕大臣が多額の賄賂を受け取った。この「パシフィック・スキャンダル」によって保守党は政権を失い、カナダは短期間ながら自由党の政治体制を経験する。

一八七四年、連邦議会は秘密投票を規定する法律を可決した。翌年、ケベック州政府も同様の措置を法制化したが、一部の議員たちは反対の声を上げた。将来首相の座に就くジョゼフ＝アドルフ・シャプロー〔一八四〇―一八九八〕議員は、道徳的理由から計画の採択に反対した。「秘密投票にしても汚職を防ぐことにはならない。それどころか逆に、秘密投票となれば、堕落に身を委ねても、もはや恥ずかしさを覚えなくなるものだ。（……）秘密投票にすれば、人間が尊重されて、自分の意思に反して投票させられることはなくなると言われている。だが、人間の尊重と衝突する意思、つまり世論と衝突する意思が、政治において誠実であることはありえない」。

ケベック州で秘密投票による初めての総選挙が行われたのは一八七五年七月七日のこと。自由党内で勢力を伸ばしたウィルフリッド・ローリエ〔一二四頁参照〕は、自分の政治的キャリアの性質を明確にしようと骨を折っている。選挙期間中、彼はこう宣言した。「われわれはイギリスで人がリベラルであるようにリベラルである。われわれは〔ダニエル・〕オコンネル〔一七七五―一八四七、アイルランド人の政治家。連合王国内におけるカトリック教徒に対する政治的差別の撤廃に尽力し「解放者」と呼ばれた〕のようにリベラルなのだ。この人物こそわれわれの指導者の一人であって、彼はイギリス議会で非常に熱心に宗教を擁護した。われわれの教義はここから導き出されているのであって、暴力と流血によって思想の勝利を目指す自称リベラルとは違うのである」。その二年後、将来のカナダ首相となる彼は、同じ話題を取りあげて、「赤い」自由主義の棺桶に最後の釘を打ち付けて次のように述べた。「私は、カトリックの自由主義は政治的自由主義ではないことを知っているし、そのように主張している。もし、カトリックの自由主義に対する教会からの問責が政治的自由主義に適用されなければならないようなことがあれば、その事実がフランス人であることを出自とし、カトリックを宗教とするわれわれにもたらす状態と結果は奇妙で痛々しいものになるだろう。実際、われわれフランス系カナダ人は、征服された人種である。これを言うのは悲しい事実だが、真実である。だが、われわれが征服された人種であるとしても、われわれは征服も成し遂げた。それは自由の征服である。われわれは自由な人民である。われわれは少数派だが、われわれのすべての権利、われわれのすべての特権が維持されている。ところで、われわれにこの自由が見合う大義とは何だろうか。それは、われわれの父祖がわれわれのために勝ち取った憲法であり、今日われわれはその憲法を享受しているのである。(……)司祭は望み通りに語り、説教するがよい。それが司祭の権利である。この権利に、カナダの自由党員が異議を唱えることはけっしてないだろう。(……)自由党の政策は、制度を保護し、防衛し、伝播することであり、これらの制度のもとで、わが国の潜在的資源を開発していくことである。これが自由党の政策であって、それ以外にはない」。それでも、自由党に反対する者たちが、自由党を悪魔視することをやめるまでには、今しばらくの時間がかかるだろう。

対立、緊張、問題があったのは、政治の世界だけではなかった。ケベック州はカナダと同じく一八七三年に深刻な経済危機を経験し、その影響はそれに続く年月のうちに感じられるようになった。人びとの圧倒的多数は農村で暮らしていたが、都市への移住も増加しつつあった。とりわけモンレアルには工場や製造所があって人びとを引きつけた。モンレアルの人口は一八六一年の時点で九万人、二〇年後には一四万人に達し、その内訳はフランス系カナダ人七万八〇〇〇人、アイルランド系二万九〇〇〇人、イギリス系カナダ人三万三〇〇〇人だった。急激な都市化は、人口の一部に貧困をもたらした。労働者たちは労働組合の前身である相互組合を結成して、自分たちの要求を明示した。船大工と港湾労働者がいち早く組合に参加して結束を強めた。ここに建設現場の労働者も加わった。ストライキを起こし、暴力の連鎖につながることもあった。死者が出たこともある。

十九世紀後半のケベック州は、内向きで閉じていたわけではない。カナダの別の州で起きていることだけではなく、アメリカ合衆国やヨーロッパの情報にも耳を傾けていた。一八八〇年、州政府は鉄道建設のための資金繰りに苦労し、フランス金融市場で数万ドルの借金をした。このことがきっかけとなって、フランス・カナダ不動産銀行が誕生した。これはフランス人の一部にとっては旧植民地の存在を再発見する機会となった。パリの日刊紙『ル・ゴロワ』は次のように書いている。「ロワー・カナダは、いまもなお非常にフランス色豊かな州である。ヌーヴェル・フランス時代の古き住人たちの習慣や風習そして言語を忠実に守り続けているので、現在の住民たちをわれわれの海外の同胞と見ることができる」。

フランスとの接近は、経済的なものだけではなく、文化的な領域にも表れていた。ブルジェ司教の警告にもかかわらず、一八八〇年十二月、女優のサラ・ベルナール〔一八四四―一九二三、フランスのベル・エポックを象徴する舞台女優〕は、モンレアルで熱烈な歓迎を受けた。公演初日の晩には、カナダ総督でヴィクトリア女王の娘婿であるローン侯爵が会場に足を運んだ。サラ・ベルナールは回顧録で次のように語っている。「ホールは騒がしく、沸き立っていた。幕が開いて、私は聴衆の様子を見た。すると、いかなる動作をしたわけでもないのに、即座に静寂が訪れた。そして、ラ・マルセイエーズが三〇〇人の若くて熱を帯びた男性の声で歌い上げられた。（……）歌が終わると、群衆の拍手喝采が三回繰り返された。それから、総督が合図をすると、オーケストラは『ゴッド・セーヴ・ザ・クイーン』を演奏した〔イギリス国歌のこと。国王であれば「ゴッド・セーヴ・ザ・キング」だが、当時はヴィクトリア女王の在位期間だった〕」。

一八八五年十一月には、より大規模で、さらに騒がしい群衆が、その憤りを露にした。これによって、カナダは初めての大きな政治的危機を経験した。一八八五年十一月二十二日、モンレアルでは、英語系の新聞であれ、フランス語系の新聞であれ、推計二万五〇〇〇人から五万人もの人びとがシャン・ド・マルスに集まり、演説者がルイ・リエル〔一八四四―一八八五、カナダ政府に対してメティスの権利を求めて反乱を主導し、反逆罪によって死刑になった〕の絞首刑とその結果について語るのに耳を傾けた。その数日前、レジーナ〔サスカチュワン州の都市〕にて、メティスの反乱軍のリーダーが絞首刑に処されていた。医師たちは、彼の精神状態はよくないと主張していたが、ジョン・A・マクドナルドは、「ケベック州のすべての犬が吠えわめいたとしても、リエルは絞首刑になるだろう」と豪語していた。そして、実際にそうなったのである。メティスの出自を持つリエルは、すでに一八七〇年に最初の有罪判決を受けていた。前年にカナダ政府がハドソン湾会社〔三四頁参照〕から購入した土地を測量士が分割するやり方に抗議するメティスたちの反乱をマニトバ州で指揮したのである。〔ヌーヴェル・フランス時代の〕領主時代の体制と同じように、メティスたちは自分たちが居住する土地を非公式なやり方で細長く分割していた。それはより多くの人びとが湖や川を利用できるようにするためであった。

同じ状況がサスカチュワン州でも一八八〇年代以降に発生した。メティスたちは、リエルが小学校教師として勤務していたモンタナ州〔米国北西部の州〕へ行き、抗議運動の先頭に立ってほしいとリエルを説得した。すると先住民も同じ蜂起に参加した。フランス系カナダ人は、ブルジェ司教の祝福を受けて、治安部隊に協力した。メティスとその同盟軍は敗北した。リーダーのリエルは、英語系住民の臣民だけで構成される陪審員の前で裁かれた。彼は死刑を宣告され、フランス語系住民の介入と抗議にもかかわらず、一八八五年十一月十六日の金曜日に絞首刑に処された。英語系住民からも多くの声が寄せられたが、それらは見せしめの処罰を求めるものだった。十一月四日付のトロントの『ザ・メール』紙には次のようにある。「彼ら（フランス系カナダ人）にはこう言わせてもらおう。このような支配に屈するくらいなら、オンタリオ州はむしろ連邦を打ち壊して元の部分に分割し、統一カナダの夢は永遠に消え去ることを望むと。ブリトン人〔ブリテン島に定住していたイギリスの先住民族〕として、われわれは征服のためにふたたび戦わなければならないだろうし、ロワー・カナダがそう予想できるように、今度は一七六三年の条約はないだろう。勝者は次こそは妥協しないだろう。しかしそうなると、フランス系カナダ人はすべてを失うことになる。彼らの運命と幸福の崩壊は、速やかで、完全で、そして取り返しのつかないものになってしまうだろう」。

リエル絞首刑の報がケベック州に知れわたるや否や、憤慨と抗議のデモが多発した。創刊まもない日刊紙『ラ・プレス』〔一八八四年創刊〕は、ケベック州の独立可能性についてさえ語っている。モンレアルで発行された紙面の一面にはこうある。「リエルは同胞の権利を要求したという罪の報いを受けただけではなく、特記すべきなのは、そもそも彼はわれわれの人種に属しているという罪の報いを受けたことなのである」。ケベック市の『カナディアン』紙のジャーナリストにとって、起こりうる結果は深刻なものだった。「血は絆としては好ましいものではない。もしも連邦が他の絆を持ち合わせていないのならば、それを打ち倒す強風が地平線に巻き起こる日も遠くはあるまい」。オンタリオ州では、フランス語系住民の天敵として知られるオレンジ結社〔北アイルランドを発祥とするイングランドの立憲君主制を支持する親英的プロテスタント組織でオンタリオ州では一八三〇年に設立された〕が、ジョン・A・マクドナルドの保守党政権に対する祝福を決議している。

ケベック州では、人びとはこう宣言した。もはや保守派も自由派もない、あるのはナショナル党かリエルの絞首刑に賛同する者たちかだけであると。自由主義者のオノレ・メルシエ〔一八四〇―一八九四〕は、人びとの不満に方向性を与え、フランス系カナダ人の利益を守ることを主な使命とする政党「ナショナル党」を立ち上げた。〔自由党の〕ローリエは、このような政党の結成はフランス語系住民にとって逆効果にしかならないと考えた。一八八六年夏、ケベック州の各地域で選挙運動が大きな関心と熱気を呼び起こすなか、モンレアルでは、労働者の指導者が初めて「労働者階級の候補」として立候補した。十月十四日、メルシエとナショナル党は政権を獲得した。

ケベック州のオノレ・メルシエ首相とオンタリオ州のオリヴァー・モワット〔一八二〇―一九〇三〕首相は、州の権限を強化する要求において一致している。州の自律性は彼らが得意とする話題であった。彼らは一八八七年秋にケベック市で最初の州間会議を開催した。採択された決議の一つは、州が上院議員の半数を任命する権利を持つことを求めたものだった。

第一回州間会議が開催されたとき、王立労資関係調査委員会は女性および児童の労働について調査を行った。一八八九年四月に提出された報告書によると、煙草工場では十二歳未満の子どもたちが男女を問わず働いていることがわかった。罰金制度があったので、もっとも騒がしい子どもたちは、週六〇時間も働かされた挙句の果てに、さらに雇用主に金を支払わなければならなかった。委員たちは、女性や子どもが一週間に五四時間以上、一日一〇時間以上働くことを禁じる法律の制定を求めた。

最初に組織された労働組合の一つである労働騎士団〔一八六九年に米国で結成され一九四九年まで存続した初期労働組合〕は、発祥地がアメリカで、ケベックでメンバーを獲得した。同団は審議と決定についての秘密を要求したため、カトリックの聖職者たちは彼らを糾弾して入会を禁じた。この事件はローマにも伝わり、ローマ教皇レオ十三世〔一八一〇―一九〇三、在位一八七八―一九〇三〕は一八八七年八月中旬に「検閲の理由はない」と布告した。エルゼアール＝アレクサンドル・タシュロー〔一八二〇―一八九八〕枢機卿は半ば屈服し、翌年一月に自分の管轄下にある聖職者たちに向けて次のような手紙を書いた。「あなたたちのもとに相談に来た人に対しては、私の代わりにこう言うように。私は〔ケベック〕大司教区のすべてのカトリック信者に、少なく見積もっても危険であるこの協会には入らないこと、もしメンバーなら早急に脱会するよう強く勧告する」。労働騎士団の陣地は、一八八三年に設立されたカナダ職業労働連盟に奪われていく。

一八八〇年代末、リエルの絞首刑によって引き起こされた危機が徐々に薄らいでいく一方で、メルシエ政府が「イエズス会の財産問題」を解決すると決定を下したのを受けて、新たな対立の火種が生まれた。一七六〇年のヌーヴェル・フランスの降伏以降、イエズス会士の募集は禁じられていた。彼らは当時多くの土地を所有していた。一八〇〇年三月に最後の生き残りが亡くなると、政府はその財産を差し押さえた。その後数十年間、これらの資産をどうするかという問題が残っていたのである。この問題は長引き、メルシエ首相は多くの意見聴取を経た結果、問題に決着をつけることにした。イエズス会の財産は二〇〇万ドルと評価されていたが、メルシエが提示した補償金の額は四〇万ドルだった。この金額は、修道士、教育機関、教区のあいだで分配されることになっていた。英語系住民の抗議を黙らせるために六万ドルの金額が「この州のプロテスタントおよびその他の分派の大学および教育機関」に対して割り当てられた。ローマ教皇はこの解決策を承認するように促された。

オタワでは議員の一部が連邦政府にイエズス会財産法を違憲とするよう要求したが、ジョン・A・マクドナルドはそうすることを拒否した。しかし、またしても人種の叫び声が上がった。元トロント市長が一八八九年四月二十五日にモンレアルで最初に次のような言葉を口にした。「フランス系カナダ人はイギリス人を潰したいのだ。彼らは武力で失ったものを奸計で取り戻したいのだ。ケベック州において専制君主として支配するだけでは飽き足らず、オンタリオ州にまで侵攻してきた。彼らをなすがままにしていたら、やがてこの地の支配者になってしまうだろう」。幸いなことに、状況をはるかによく理解していた英語系住民もおり、冷静になるように呼びかけた。その数カ月後にふたたび火が燃えあがった。トロントで「侵略的なフランス性と攻撃的なカトリシズムから国を守る」ことを目的とする「平等権利協会」が結成されたのである。オノレ・メルシエとウィルフレッド・ローリエ――カナダ自由党の党首となった――は、友好関係を築くために交渉を重ねた。米国では、フランス系カナダ人はアメリカにとってさえ脅威であると考えるアメリカ人が出てきた。マニトバ州でもノースウエスト準州でも二言語主義を廃する措置が取られ、事態は収まるどころではなかった。マニトバ州では、分離学校すなわちフランス語によるカトリック学校と公用語としてのフランス語の使用を廃止する法律が、一八九〇年五月一日に施行された。

連邦レベルでも、州レベルでも、保守党の長い支配が終わりつつあった。この政党の閣僚のスキャンダルが次々と明るみに出て、党は弱体化しつつあった。多くの人が変化を求めていた。一八九一年にマクドナルドが亡くなり、その後五年間は四人の首相が交代で就任した。一八九六年六月二十三日、総選挙が行われ、ローリエはフランス系カナダ人として初めてカナダ首相の座に就いた。ケベック州では、彼の政党は四九議席を獲得し、保守党はわずか一六議席にとどまった。カトリックの聖職者が保守党を支持するように圧力をかけていたにもかかわらずである。翌年、ケベック州では自由党が政権を獲得し、一九三六年まで政権を維持した。

カナダは依然として大英帝国の一部であり、外交の主導権を握っていなかった。つまり、イギリスが戦争になれば、カナダも自動的にその戦争に巻き込まれることになっていた。しかし、そこには問題が残っていた。それは、カナダがそうした戦争に参加するのは、具体的にはどのような形においてなのかという問題であった。これは、一八九九年にロンドンがアフリカ南部に住むボーア人〔十七世紀に南アフリカのケープ植民地に入植したオランダ系白人住民〕に宣戦布告したことで、もはや純粋に理論的な問題に留まってはいられなくなった。この地域では、ダイヤモンドおよび金の鉱山が発見されたばかりで、この富はイギリスのものとしか考えられなかったのである。ローリエ首相は、イギリス人とともに戦う軍隊を送るよう圧力をかけられていたが、他方では、カナダは褒められるべき動機が見当たらないこの戦争においては中立であるべきだという圧力も受けていた。一八九九年十月十三日付の議会の決定で、連邦政府は一〇〇〇人の志願兵の装備と輸送の費用を負担することが定められた。ルイ＝ジョゼフ・パピノーの孫に当たる若きアンリ・ブラサ〔一八六八―一九五二〕は、カナダの参戦に反対しているフランス系カナダ人の意見にも耳を傾けるようにとローリエに求めた。そのブラサに対して首相はこう答えた。「親愛なるアンリよ、ケベック州に意見というものはない、あるのは感情だけだ」。南アフリカの戦争は予想以上に長引き、七四〇〇人近い志願兵がボーア人と戦うために出征した。

二十世紀初頭、ケベック州は発展を遂げようとしていた。登場して間もない電気は、工場や製造所の近代化を加速させた。靴産業、パルプ・製紙工場、酪農製品、森林伐採、衣料などが主な活動部門であった。人口二六万七〇〇〇人を抱えるモンレアルは、あらゆる経済活動の中心地であった。この活動の主な受益者は英語系住民で、フランス語系住民はとりわけ下働きの仕事をしていた。

古典語のコレージュの卒業生は、聖職者、医者、法律家、公証人などになることが多かった。エンジニアという職業を選ぶ者はほとんどいなかった。科学の世界が若者たちを惹きつけることはほとんどなかった。彼らはしばしば、フランス・カトリック文明の旗手でなければならないとか、フランス系カナダ人は商売には向いていないなどと言われていた。神学者のルイ＝アドルフ・パケ〔一八五九—一九四二〕は、一九〇二年六月二十四日の説教において次のように述べている。「われわれの使命は、資本を扱うことではなく、思考を動かすことにある。工場の火を灯すことよりも、宗教と思想の光を維持し、遠くまで行き渡らせることにある」。

一八四〇年代のエティエンヌ・パラン〔一八〇二—一八七四〕に続いて、弁護士で経済学者のエロール・ブシェット〔一八六二—一九一二〕はフランス語系住民がビジネスに適していないという考えを受け入れることができなかった。彼は次のように書いている。「ケベック州の同胞は、大陸の他のどの人種にも劣らないほど産業に向いている。よく教育され、よく指導されれば、誰もが驚くような結果を成し遂げることができるだろう。その結果に驚くのは彼ら自身かもしれない」。軍人、ジャーナリスト、公務員と渡り歩いたアルフォンス・デジャルダン〔一八五四—一九二〇、ケベックの信用組合デジャルダンの共同創設者〕は、このことをよく理解していた。彼は最初の信用金庫を設立したばかりだった。数年もしないうちに、いくつかの町や村が同様の機関を設けて、「小口預金者」を支援するようになる。「産業界を掌握しよう」が多くのナショナリストの合言葉になった。

さらに、二十世紀に入ってからは、フランス系カナダ人のナショナリズムの主張がますます高まっていった。一九〇三年三月に設立されたカナダ・ナショナリスト連盟は、次のような要求を掲げた。「カナダは、イギリスとの関係において、植民地としてのつながりを維持するのと両立する形で、政治的、商業的、軍事的に最大限の自治を行うこと。カナダの各州は、連邦政府との関係において、連邦のつながりを維持するのと両立する形で、最大限の自治を行うこと。連邦全体は、カナダに特化し限定した経済的および知的発展のための政策を採択すること」。カナダ・ナショナリズムの推進は、必ずしもすべてのフランス語系住民を喜ばせるものではなかった。むしろフランス系カナダ人のナショナリズムを提唱する者もいた。一八九五年に『祖国のために』という表題で最初の分離主義的な小説を発表したジャーナリストのジュール＝ポール・タルディヴェル〔一八五一―一九〇五〕は、そのような一人であった。彼は一九〇四年四月二日付の彼の新聞『真実』に次のように書いている。「われわれのナショナリズムは、フランス系カナダ人のナショナリズムである（……）。われわれが花開かせたいのは、フランス系カナダ人のことである。われわれにとって、われわれの同胞とはフランス系カナダ人の愛郷心である。われわれにとって祖国とは、正確にはケベック州ではなく、フランス系カナダなのである。われわれが、神の摂理によって定められた時期に創設されることを望んでいるネイションとは、フランス系カナダ人のネイションなのである」。

その一九〇四年の三月中旬に、モンレアルで「フランス系カナダ人カトリック青年会」（ACJC）が設立され、古典語のコレージュの若者のあいだで発展していくことになる。この青年会によれば、「カナダ人種にはこの大陸で果たすべき特別な使命があり、（……）この目的のために他の人種とは異なる特徴を保たなければならない」。ACJCが果たすことになる役割は極めて重要なものである。アメリカの歴史家メイソン・ウェイドによれば、この運動は「二十世紀のフランス系カナダ人のナショナリズムの揺り籠であって、それが生み出した宗教と愛郷心の混合物は、そこに加わった若いエリートたちが受けた情熱的な教育によって、フランス系カナダ人の生活のあらゆる領域に浸透した」。

若い学生たちがナショナリスト運動に加わる一方、労働者たちは労働組合において組織化を進めることを望んでいた。カトリック司教団は、宗派的な組合の設立を課題としていたが、それは宗教的中立性を謳うインターナショナル組合の影響力に対抗するためであった。もうひとつの脅威は、フランス語を話さずカトリック教徒でない移民の大量流入であった。一九〇一年から一九一〇年のあいだにカナダは一六三万二〇〇〇人の移民を受け入れたが、そのうちフランスからの移民はわずか一万五八三五人であった。ナショナリストの指導者たちは団結を強めることを提唱し、国内での購買力を高める最初のキャンペーンが始まった。

アンリ・ブラサは、ケベック州に欠けているのは、政党の結成につながることのない独立した新聞だと考えていた。一九一〇年一月十日、モンレアルにて「しなければならないことをしなさい」をモットーにする日刊紙『ル・ドゥヴォワール』の創刊号が刊行された。同紙の最初のキャンペーンの一つは、オンタリオ州および西カナダで脅威にさらされていたフランス語を擁護することだった。ロンドンのカトリック司教マイケル・フランシス・ファロン〔一八六七―一九三一〕は、オンタリオ州で存続していたフランス語のカトリックという別学の分離学校の廃止を呼びかけていた。ニューイングランドと同じく、この州ではアイルランド人聖職者がフランス語系住民の同化に大きな力を発揮していた。しかし、それを糾弾する勇気のある者はほとんどいなかった。さらに、一九一〇年九月にモンレアルで開催された聖体大会〔カトリック教会がキリストの聖体の秘跡について研究するために開催する大会〕では、教皇代理のウェストミンスター大司教フランシス・ボーン〔一八六一―一九三五〕が、フランス語系住民のカトリック教徒に対し、カトリック布教の名の下にフランス語を捨てるように公然と要求した。「英語を真理の大義のために役立たせることによってのみ、カナダは真の意味でカトリックの国になることができる。(……) 英語、英語の考え方、英文学、要するに英語の精神性全体が、カトリック教会に奉仕するようにならないかぎり、教会の救済の業は妨げられ、遅れることになる」。この善良な大司教にはイギリスおよびローマの帝国主義の見方が染み込んでおり、ほぼフランス系カナダ人のみで構成されている聴衆の前であえてこのような発言をしたのである。これに答えたのはアンリ・ブラサで、〔フランス語を擁護するブラサの発言に〕出席していた司教たちは非常に喜んだ。

オンタリオ州では、オレンジ結社が別学の分離学校の廃止を呼びかけ、「オンタリオ州の公立学校におけるフランス語の使用は、英語系住民の共同体としてのオンタリオ州の本来性に対する深刻な脅威を構成している」と主張した。一九一二年六月、オンタリオ州政府は、この趣旨の方向で規則一七号〔オンタリオ州の公立校および分離学校でのフランス語の使用を制限する規則〕を採択し、次のように定めた。「英語による教育は、子どもが学校に入学すると同時に開始しなければならない。フランス語の使用は、監督視学官の報告に基づき、指導およびコミュニケーションの言語として、地域の状況に応じて臨機応変に対応することができるが、いかなる場合も一年目を超えて継続してはならない」。この新しい措置は、一九一三年九月に施行された。ケベックのフランス語系住民は激怒したが、〔ケベック州で〕少数派の英語系住民の権利や特権を制限するような措置を取ることは思いもよらなかった。

以上のことは、ドイツ、イギリス、フランスのあいだでの戦争が、間近に迫りつつあった時代の出来事である。

第九章　あらゆる戦線で——二度の世界大戦（一九一四—一九四四年）

一九一四年八月四日、ドイツがイギリスに宣戦布告したとき、カナダは自身も戦争に巻き込まれていることを知った。カナダ政府が最初の志願兵を募集したとき、一部のナショナリストは、本当の戦場はヨーロッパではなく、オンタリオ州にあると主張した。モンマニー選出のケベック州議会議員アルマン・ラヴェルニュ〔一八八〇—一九三五〕は、次のような物議を醸す発言をした。「もしわれわれがイギリスのために戦うように言われたら、こう答えてやろう。われわれの学校を返してほしい、と」。

ヨーロッパでの戦闘に参加する兵士の募集を容易にするため、市町村議会は「目下の戦争において軍隊に加わり現役で兵役を務めるすべての公務員に完全給費での休暇」を与えることを許可した。また、連邦政府は、「大英帝国の海軍および陸軍の遠征軍として、現役で兵役に従事するカナダに居住する兵士の家族を支援すること」を目的とするカナダ愛国基金を創設した。オタワ、モンレアル、ケベック市の司教は、信徒たちに積極的に寄付に参加するようにと訴えた。司教書簡には次のように書かれている。「これらの収入は二つに分割される。そのうち半分は愛国基金の理事のもとに入って、現在または今後法によって定められる目的のために用いられるものとする。残りの半分は各教区に入って、強制的な失業あるいはその他の原因により困窮状態に陥った家庭に――とりわけ冬の厳しい時期――に分配されるものとする」。

志願者を訓練するために、ヴァルカルティエ〔ケベック市郊外〕にキャンプが作られた。すぐに三万五〇〇〇人の兵士が集まった。十月上旬には、そこから多くの兵士たちがイギリスに向けて出発した。フランス語系住民の徴兵を容易にするために、彼らを多数派とする連隊「ロイヤル・カナディアン・フランセ」が創設され、二二という番号が付けられた。しかし、英語系住民のなかには、志願するフランス系カナダ人が少なすぎると感じている者もいた。規則一七号を批判する声が高まっていたので、なおさらだった。「フランス系カナダ人カトリック青年会」（ACJC）は「オンタリオ州の負傷者」を支援するための募金活動を開始した。『ル・ドゥヴォワール』紙は、その闘争の中心的な機関紙であった。それに編集長のアンリ・ブラサは、オンタリオ州政府やオレンジ結社との直接対決を恐れていなかった。「宗教、自由、英国旗への忠誠の名において、ヨーロッパのプロシア人と戦いに行くフランス系カナダ人が見捨てられている。われわれは、オンタリオのプロシア人〔ヨーロッパでプロシア人と戦うカナダ人と、カナダで英語系住民を前にしたフランス語系住民を並行関係でとらえる譬喩〕が、カナダ連邦の中心部で、イギリスの旗と制度の庇護のもとに、自分たちの支配を押し付けるのを、なすがままにしておいてよいのだろうか」。

一九一五年一月、オンタリオの学校問題がケベック州議会で議論された。英語系住民の議員二名が動議を提出し、「バイリンガル学校についてオンタリオ州民のあいだに存在すると思われる分裂」を嘆いた。出席した議員は全員この動議に賛成し、その写しは規則一七号が「公正で公平な解決策」であるとつねに確信していたファロン司教に送られた。教育は州の専権事項であるにもかかわらず、オタワに対してオンタリオ州の学校問題に介入するよう懇願する者もいた。

ヨーロッパでは戦闘が激化し、多くの兵士が命を落とす戦いもあった。連邦政府に対して徴兵制の導入を求める圧力は強まっていた。『カナダ年鑑』によると、一九一六年の最初の五カ月間、「ケベック州は四分の一、沿海諸州〔カナダ最東部のニューブランズウィック州、ノヴァスコシア州、プリンスエドワードアイランド州の総称〕は半分、オンタリオ州は九分の七しか徴兵の割り当てを満たすことができなかった。規定を上回ることができたのは西部の州だけだった」。そのため兵員徴集係は熱心な勧誘活動を行った。やり方が強引なこともあった。徴兵委員会は次のような広告を出して新兵を獲得しようとした。「入隊した兵士には一日一ドル一〇セント、兵士の妻には月二〇ドルの手当、さらに愛国基金からも妻と子どもたちに手当を支給する」。

多くのフランス系カナダ人はヨーロッパに戦争――その戦争ではドイツ軍が致死性ガスを使い

始めたことが知られていた――に行くことにほとんど関心を示さなかったが、それは彼らだけではなかった。第一次世界大戦を研究した歴史家のデズモンド・モートン〔一九三七―二〇一九〕は、次のように結論づけている。「カナダ全土で、戦うことのできる年齢のほとんどの人は、志願しなかった。昔からカナダの土地に根を下ろしてきた者、農場で暮らす妻帯者または仕事を持っていた人は、ほとんど入隊しようとはしなかった。沿海諸州の入隊率が、ケベック州の採用率をわずかながら上回っているのは、偶然ではない」。

フランス語系住民のケベック人の一般的な振る舞いはオレンジ結社の人びとの怒りを買った。サンローラン渓谷にフランス共和国が成立するのではないかと危惧する声もあった。そのうちの一人はこう述べている。「もし機会があれば、海を渡って戦闘に参加するには齢を取りすぎている二五万人のオレンジ結社の人びとが、ケベック州で行われるかもしれない共和国建設の試みを破壊するために、一カ月以内に入隊するかもしれない」。

一九一七年の初めには徴兵制の噂が広まった。モンレアルでは反徴兵制の集会が何千人もの人びとを集めた。死者数が新兵の数の二倍を上回ることもあり、兵役の義務はほとんど必須となっていた。六月十一日、ロバート・ボーデン〔一八五四―一九三七〕首相は総動員を定めた法案を提出した。「カナダに居住している、あるいは一九一四年八月四日以降カナダに居住したことのある、二十歳から四十五歳までのすべてのイギリス臣民は、現役の兵役に就くことを義務づけられている」。

下院ではしばしば激しい議論が交わされ、総督コノート公〔一八五〇―一九四二、ヴィクトリア女王の第三王子で陸軍軍人として活躍〕が法案を承認したのはようやく八月二十八日になってからだった。徴兵制が一九一七年秋の連邦選挙戦の重要テーマとなったことは言うまでもない。ケベック以外の州はボーデン率いる連立政権に多数票を投じたが、ケベック州は六二人の自由党員、二人の保守党員、一人の自由連合党員（リベラル・ユニオニスト）を選んだ。英語系の新聞は反ケベックの調子を強めた。閣僚に一人もフランス語系が含まれなかったのは、〔一八六七年の〕連邦結成以来、初めてのことであった。

十二月二十一日、ケベック州議会で、ロトビニエール〔ケベック市南西に位置する自治体〕選出の自由党議員ジョゼフ＝ナポレオン・フランクール〔一八八〇―一九六五〕は、当時のカナダ全体の風潮を示す動議を提出した。「ケベック州議会は、他の州が一八六七年の連邦協定をカナダの統合、進歩、発展の障碍になるものと見なしているならば、この協定の破棄を受け入れる準備があるという意見である」。短い議論のあと、この動議は一九一八年一月二十三日に撤回された。これは消極的分離主義の最初の現われであった。すなわち、ケベック州以外のカナダが不満である場合には、ケベック州は連邦から脱退する用意があるということである。ルイ＝アレクサンドル・タシュロー〔一八六七―一九五二〕首相とモーリス・デュプレシ〔一八九〇―一九五九〕首相は、のちの時代に同じ脅迫をすることになるだろう。この議論の過程でモンレアル島選出のある議員は、もしケベック州がカナダから分離したら、モンレアルは新しい州を形成することになるだろうと、ほとんど確信めいたことを言っていた。

徴兵法の採択とともに、脱走兵狩りもはじまった。ケベック市での脱走兵狩りでは、四人の死者と数人の負傷者が出るという結果に終わった。取り締まった側の兵士たちの大部分はトロント出身の英語系住民で、不当逮捕であると抗議するデモ隊に発砲するように命じられていた。たしかに暴徒たちがいろいろな建物を荒らし回ったことは事実であった。

第一次世界大戦は一九一八年十一月十一日、休戦協定の調印をもって終結した。平和が戻ってくると、スペイン風邪の流行も一段落した。スペイン風邪はケベック州だけでも八〇〇〇～一万四〇〇〇人もの犠牲者を出した。ヨーロッパでの戦闘に参加した者たちが故郷に引き上げてくるのは、さらに数カ月を待たなければならない。再会はアルコール抜きで祝われることが珍しくなかった。一九一九年五月一日から、例外的な場合を除き、酒類の販売が禁止されたからである。当時の基準では、「アルコールとすべてのリキュール、また二・五パーセント以上のアルコールを含むリキュール、飲料、液体、食料の混合物すべて」が酩酊を招く飲料と規定されていた。酒類の販売を禁じる法律は、州民投票にかけられた。質問内容は至極簡単なもので、「あなたは、法律で定められたビール、シードル、度数の低いワインの販売は認められるべきであると考えますか」というものだった。一九一九年四月十日、「賛成」が僅差で勝利した。英語系住民の人口が多い七つの選挙区では、酒類の販売は厳禁のままとされた。

一九二〇年七月九日、ルイ＝アレクサンドル・タシュローがケベック州の首相に就任した。彼のプログラムには、アルコール飲料の問題と生活保護の問題の解決に取り組むことが盛り込まれていた。翌年には「ケベック・リキュール委員会」が設立され、アルコール飲料の販売を独占的に管理することになる。同じ年には生活保護法も可決された。今後、生活困窮者の入院費用の三分の一は州政府、三分の一は当該者の居住地域の市町村、残りの三分の一は援助機関によって支払われることになった。この措置は、従来、主に宗教共同体によって運営されてきた病院システムの州による管理化に向けての第一歩であると見る人もいる。

一九二〇年代には、ケベックの人口の一部に急速な増加が見られ、都市の住民数が農村を上回った。乗用車の数は一九二〇年の時点で三万六〇〇〇台近くだったが、一〇年も経たないうちに一四万八〇〇〇台にまで増加した。同じ期間でトラックの台数は七倍に増加した。一九二〇年の時点で電力会社の加入者数は二四万八〇〇〇世帯だったが、一九二六年には三六万三〇〇〇世帯にまで増えている。ケベック州は、カナダの州のなかで二番目に豊かだった。経済の統制をどのようにすべきかが、ますます問われるようになっていた。一九二一年十二月、雑誌『アクシオン・フランセーズ』においてリオネル・グルー神父〔九三頁参照〕は、ケベックの経済問題に関する膨大な調査の末に次のような結論に達した。「三世紀にわたる歴史、特定の人種によるほぼ完全な土地の所有、独自の習慣と制度を通じてこの人種がこの土地に残した深い刻印、一七七四年〔ケベック法制定の年〕以降のすべての政体においてこの人種が確保してきた特別な地位――。以上のことがケベック州をフランス的国家にしたのであり、これは理論的にも事実においても認められなければならない。この真理こそ高く掲げられるべきものであり、この真理がケベック州における経済秩序を支配するものである。それはこの真理がわれわれの生活の他の機能を支配すべきであることを、われわれが自然に認めるのと同じことである」。ここまで来れば、ケベック州が連邦に所属することに対して疑問を発するようになるのは、あと一歩にすぎない。やがて一部のナショナリストが、実際にそうすることになるだろう。

大多数の人びとにとっては、経済問題のほうが重要だった。戦争の終結は不況の開始を意味していた。戦時中は非常に低かった失業率が大幅に増加した。一九二一年、労働組合から提供された『ガゼット・デュ・トラヴァイユ』紙に掲載されたデータによると、労働組合員の一六パーセント以上が失業中だった。すべての労働者が組合員であるわけではないので、実際の比率はもっと高かった計算になる。一九二八年十一月の数字は六・三パーセントだったが、ちょうど一年後の数字は一三・六パーセントに達した。

悲劇の接近を予見させるものはほとんどなかった。一九二一年以来、物価はほとんど変化していなかった。一九二一年十二月の時点で、「カナダ六〇都市における五人家族の一週間分の支出——食費、燃料費、光熱費、家賃——の平均値」は二一・五六ドルだった。一九二八年の同じ月を見ると、増加はわずか〇・〇七ドルにとどまっていた。

何千人ものケベック人が株式市場に資金を投入し、株取引で利益を得ていた。多くの株の価値は二倍、三倍、さらには四倍にも膨れあがっていた。株式市場の熱気が市場を支配していた。一九二九年十月初め、ニューヨーク証券取引所の様子がおかしくなりはじめた。そして十月二十四日木曜日、ついに崩れ落ちた。たとえば、二三一ドルの値をつけていたデュポン・デ・ヌムール〔化学メーカー〕の株価は、わずか二二ドルにまで下落した。株式市場はパニックに陥った。それから数週間というもの、状況は混迷を深めていくばかりだった。ある銘柄の価格が急上昇したかと思えば、悲劇的な急降下を見せることもあった。ゆっくりと、しかし確実に、ケベック州も他の西欧諸国と同じく「大恐慌」へと突入していった。多くの人が破産した。破滅に耐えられず自殺を選ぶ人もいた。工場や製造所は何千人もの労働者を解雇した。失業は慢性化した。ケベック州の失業率は一九三二年十二月にピークに達し、組合員の三〇・九パーセントを占めた。

　恐慌が始まったばかりの頃、困窮した人びとは慈善団体や親類や知人からの援助に頼るよりほかなかった。一九三〇年の夏、州政府とモンレアル市は、困窮者を支援するために数十万ドルを交付した。それに続く数年のあいだ、失業対策として公共事業が行われた。しかし、誰もが仕事に就けるわけではないので、政府は三つのレベルで直接的な救済制度を設けた。連邦政府、州政府、市町村がそれぞれ三分の一ずつを負担した。ところで、一九三三年の初めには、約三〇の市町村の自治体や学校団体そのものが保護の対象になった。こうした団体はほとんど破産状態だった。連邦公務員の給料は一〇パーセントのカットを余儀なくされた。

社会の雰囲気は悪化していた。働いている「外国人」や女性は、「一家の大黒柱である正直な父親たちの仕事を奪っている」と糾弾された。モンレアルでは、失業者が島に入ってくるのを防ぐための措置が取られた。ヴァルカルティエでは、軍のキャンプが独身失業者のためのキャンプに転用された。独身失業者は日給二〇セントの報酬で働かなければならず、「ヴァンサン」〔字義通りには二〇セントだが発音上は男性の名前にもなる〕と呼ばれた。

一九三〇年代初めに都市部――特にモンレアル――において、新しい失業対策として登場してきたのが、土地への回帰である。州政府および一部の聖職者やナショナリスト団体が、数百人に割り当てることのできる土地のあるアビティビ〔モンレアルから北西の六〇〇キロメートルほどの奥地〕への移住を勧めた。タシェロー政権は、何万ドルも注ぎ込んで、土地を耕すという概念を持たない都会人を入植者に変えようとしていた。この政策は失敗に終わった。与えられた土地が肥沃でなかったり、岩が多かったりしたためである。アビティビ地区の州議員エクトール・オティエ〔一八八一―一九七一〕がモンレアル市議会に送った手紙から、「土地への回帰」政策の実態の一端を窺い知ることができる。「モンレアルの人びとに、アビティビは病院でも避難所でもないこと、ここにはサン＝ヴァンサン＝ド＝ポール協会もないことを知ってもらおう。人びとは慈愛に満ちているが、これ以上来られても困るのが現状である。それぞれで貧しさを何とかしたほうが、全体としてはよくなるはずである」。

ナショナリストの一部は、あらゆる問題の解決策はケベック州の独立であると確信するようになった。大学生が新しい団体「青年カナダ」を結成した。一九三五年四月八日、メンバーの一人ポール・シマールは次のように宣言した。「われわれは、われわれの知的、政治的、経済的独立を何としてでも勝ち取らなければならない。（……）ケベックは、できるかぎり早く自由な国家となって、そこではフランス系カナダ人のネイションがその運命の絶対的な支配者とならなければならない。経済分野では、われわれはあらゆるよそ者の強奪勢力を打ち倒さなければならない。このような精神の復活は、すべての者たちが同じリーダーのもとに結集することによって初めて達成される」。リオネル・グルーは、このような若者たちの望みを体現する「リーダー」である。それから二年後、この参事会員にして歴史家の彼は、第二回「フランス語大会」で行った演説で、自分の主張を明確に打ち出している。「望むと望まざるとにかかわらず、われわれはフランス的な国家を持つことになるだろう。若く、強く、輝くフランス的な国家を持つことになるだろう。それは精神の美しい故郷であり、フランス系のアメリカ大陸全体にとってのダイナミックな中心地である。われわれはまた、フランス的な故郷を持つことになるだろう。その魂はおのずと顔に表われるだろう」。グルーは、一九三六年以来ケベック州の首相の座にあったモーリス・デュプレシから、また「カナダの分裂は有無を言わさずに起こるだろう」と一四年前に書きつけたロドリーグ・ヴィルヌーヴ〔一八八三―一九四七〕枢機卿から批判を受けたことを踏まえて、自分の発言にニュアンスを持たせている。「私は分離主義者ではない。私がフランス的な国家と言うとき、想定しているのは連邦国家である。私は歴史の流れを踏まえている。われわれが連邦に加入したのはそこから脱け出すためではなく、そのなかで繁栄するためである」。このナショナリストの指導者にとって、ケベックの将来が展開されるのは、それが可能なら連邦の枠組みのなかであって、それがもし不可能ならば外に出るまでということなのである。

恐慌の危機を解決するのに、独立を唱える者もいれば、共産主義政府の樹立を唱える者もあった。「アカ」に対抗するため、デュプレシは「南京錠法」を採択させた。この法律は、共産主義者やそのシンパと疑われる人物が住んでいる建物に南京錠をかけることを州警察に認めるものであった。問題は、法律では共産主義者とは何者であるかが規定されていないことである。マルクス主義の理論の対極で、ファシズムの思想が発展した。一九三四年二月、アドリアン・アルカン〔一八九九―一九六七〕とその取り巻きたちは、キリスト教社会ナショナル党を設立した。同党は、ヒトラーとその教義に共感していることを隠さなかった。もちろん、ドイツとの戦争に突入すると、この党は非合法化され、指導者たちは抑留された。

非聖職者の思想家の一団の立場はもっとオーソドックスなものだった。彼らのなかには、エスドラス・マンヴィル〔一八九六―一九七五〕、フィリップ・アメル〔一八八四―一九五四〕、アナトール・ヴァニエ〔一八八七―一九八五〕、ルネ・シャルー〔一九〇一―一九七八〕らがいた。「民衆社会学校」のイエズス会士らとともに、彼らはフランス系カナダ人の社会を改革するための包括的プロジェクト「社会復興プログラム」を練りあげた。農民への融資制度、困窮した母子家庭への手当、最低賃金、日曜日の厳守、母親の家庭への復帰、分割払いでの販売の規制、地方経済審議会の設置などを提唱した。

「社会復興プログラム」の理念は、特定団体への肩入れや汚職で非難されていたタシュロー政権の政策にもはや賛同できなくなった自由党議員の一部にアピールするものであった。彼らはポール・グアン〔一八九八―一九七六〕を中心に集まり、「アクシオン・リベラル・ナショナル」(ALN)を設立した。一九三五年十一月二十五日の総選挙を控えて、ALNとモーリス・デュプレシ率いるケベック州保守党が接近した。自由党は九〇議席のうち四八議席を獲得して政権を維持したが、その後に開かれた議会はデュプレシの勝利を印象づけるもので、一般会計をめぐる議論では首相と閣僚たちに絶えず攻撃を浴びせた。タシュローは辞任を余儀なくされ、アデラール・ゴドブー〔一八九二―一九五六〕に後任を譲ることになった。一九三六年八月十七日、新たな選挙が行われた。保守党とALNの「合併」の結果として生まれたユニオン・ナショナル党は、州議会の九〇議席のうち七六議席を占めて政権を獲得した。

新体制がはじまった。この体制は、一九三九年十月にゴドブーの自由党が勝利を収めるまで続いた。一九三九年九月十日以来、カナダはドイツとの戦争状態に入っていた。銀行からの金銭的援助を断たれたデュプレシは、突然の選挙に打って出た。選挙戦の主要テーマは徴兵制であった。

自由党の演説家は、第一次世界大戦の際に徴兵制を敷いたのが連邦保守党であったことを思い起こさせた。カナダが参戦する二日前、自由党のマッケンジー・キング〔一八七四―一九五〇〕首相は、重々しい口調でこう約束していた。「現体制は、カナダ人の海外派兵のための徴兵制は必要でも効果的でもないと考えている。このような措置が現政権で提案されることはないだろう」。ゴドブーの約束はさらに形式的なものだ。「私は一言一句、自分の言葉をよく選び、名誉にかけて誓おう。もし現在から戦闘状態が終結するまでのあいだに、自由党政権のもとで、あるいはキング氏の内閣において現在のわれわれの閣僚が参加する暫定政権のもとで、本人の意思に反して動員されるフランス系カナダ人が一人でもいた場合には、私は離党し、党とさえ闘うことをここに約束する」。

カナダ国外への派兵が義務化されるのではないだろうかという懸念が、国民登録がなされるとともに高まった。すでに一九四〇年六月十八日、ドイツ軍がパリを四日前から占領を開始したとき、キングはカナダ領内での徴兵制を布告したが、その領土は時間とともに拡大する。というのも、まだカナダの一部ではなかったニューファンドランドとアリューシャン列島が、軍事的必要のために併合されることになったからである。八月十九日から二十一日まで、十六歳から六十歳までのすべてのカナダ人の男女が登録をしなければならなかった。最初に徴兵されるのは未婚者であると相場が決まっていた。そこで結婚ラッシュが起こった。モンレアル市長のカミリアン・ウード〔一八八九―一九五八〕は、国民登録をすれば完全徴兵制への道が開かれてしまうと考えた。そこで彼は、仲間である市民たちのために、登録所に来ないように勧めた。すると、彼は逮捕されて、収容所に移された。彼が釈放されたのは四年後のことである。

海外派兵を目的とする徴兵制はないというキングの約束は厄介な重荷になっていった。一九四二年一月二十二日、国王の勅辞において、連邦政府がケベック州の人びとだけに約束したことを解除するために、カナダ全土で国民投票を行うことが発表された。モンレアルでは「カナダ防衛連盟」が主催する集会が何度も開かれ、喧嘩沙汰で終わることもあった。四月二十七日、投票権を持つ人びとは、「あなたは、兵役の動員方法に関して制限を加えていた過去の約束から生じるいかなる義務からも、政府を解放することに同意しますか」という質問に投票した。結果は予想通りであった。カナダ全体では八〇パーセントが「イエス」と答え、ケベック州では七一・二パーセントが「ノー」と答えた。その直後、徴兵制に関する法案が下院に提出された。政令により完全徴兵制が敷かれることになるのは、一九四四年十一月二十三日のことである。

戦争によって、ケベックの人びとの日常生活は大きく変わった。新聞とラジオは検閲されるようになった。ガソリンの消費が規制され、それから配給制になった。バター、砂糖、紅茶、コーヒーなど多くの商品が、配給券を提示しないと買えない状態だった。闇市が盛んになり、にわかに金持ちになった者も一部にいた。自動車を運転する者が、タイヤやチューブを貸し借りすることも禁じられた。そもそも、新品のタイヤを手に入れることが不可能になった。いくつかの制限的措置を採用することで、当局は戦争の心理状態を作り出そうとしていたような印象を受ける。たとえば、原材料を節約するために、持ち手が二つあるカップを製造することが禁じられた。他にも、スーツの袖にはボタンをつけないようにすることが定められた。

戦争があったにもかかわらず、ケベック州では静かな革命〔一九六〇年代におけるケベックの急速な近代化。本書第十章以下を参照〕の前兆が見られた。ゴドブー政権は来るべき変化を予感させるようないくつかの施策を採用した。一九四〇年にはついに女性が州レベルでの選挙権を獲得した。連邦レベルでは、女性は一九一八年以来すでに選挙権を持っていた。ケベック州は、女性に選挙権を与えるのがもっとも遅れていた州である。たしかに、ヴィルヌーヴ枢機卿のようにカトリックの高位聖職者たちは、夫婦の権威を二分するものであるとして、このような措置に反対していた。一九四〇年三月七日付のケベックの『宗教週間』において、枢機卿は以下のまとめを公にした。「われわれは女性の参政権に賛成しない。第一に、家族の結束と上下関係とに反するからである。第二に、参政権の行使は当選至上主義のあらゆる情熱と冒険に女性をさらすことになるからである。第三に、われわれには実際のところ州内の女性の大半が別に参政権を望んでいないと見受けられるからである。第四に、社会的、経済的、衛生的な改革は、女性の参政権に拠らずとも、政治の余白にある女性組織の影響力のおかげで、同じように実現することができるからである。われわれは、ここにケベック州の司教たちの共通の思いが表現されていると考えている」。ケベック州のすべての投票権のある女性が投票できるようになるのは、一九四四年の総選挙を待たなければならない。また、教育が義務化されたのは一九四三年になってからだが、それは聖職者の反対があったからである。聖職者は、教育は主に親の責任であり、その親が教会に子どもの教育を託していると考えていた。教育の義務化により、親は六歳から十四歳までのすべての子どもを学校に通わせなければならず、そうしなければ罰金を課された。

翌年、ゴドブー政権はモンレアル光熱発電会社を「州有化」して、「イドロ＝ケベック」の名で知られるケベック水力発電委員会を設立した。第一次デュプレシ政権では、政府と組合の関係はしばしば非常に緊迫していたが、ゴドブー政権ではそうではなかった。歴史家のジャック・ルイヤールは、一九三九年から一九四四年までに採用された措置を次のようにまとめている。「短い自由党政権のあいだ、社会政策関連法は一般に組合の賛同を取りつけた。そのような一連の法律とは、労働高等評議会設置法（一九四〇年）、失業保険制度の設立を認める憲法改正（一九四〇年）、すべての賃金労働者に適用される最低賃金法（一九四〇年）、経済政策評議会設置法（一九四三年）、（……）労働関係法（一九四四年）などである」。ゴドブー政権には、皆保険制度を立ちあげるだけの時間がなかった。もし、アデラール・ゴドブーが一九四四年八月八日の総選挙で政権を維持していたら、一九六〇年を待たずにいわゆる「静かなる革命」が起きていたかもしれない。デュプレシとユニオン・ナショナル党が政権に復帰したことで、こうした動きは一旦停止する。

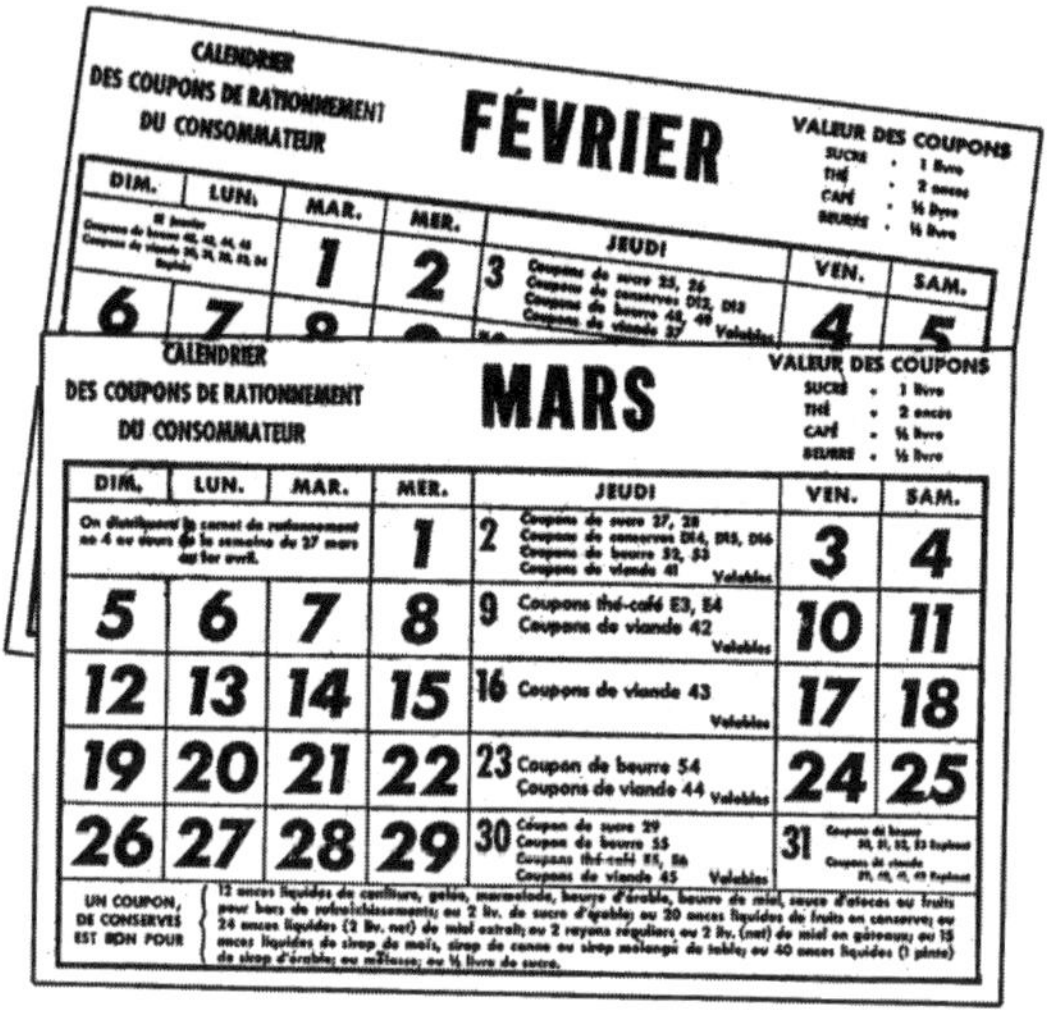
CALENDRIER
DES COUPONS DE RATIONNEMENT
DU CONSOMMATEUR
FÉVRIER
VALEUR DES COUPONS
DIM.
LUN.
MAR.
MER.
JEUDI
VEN.
SAM.
CALENDRIER
DES COUPONS DE RATIONNEMENT
DU CONSOMMATEUR
MARS
VALEUR DES COUPONS
DIM.
LUN.
MAR.
MER.
JEUDI
VEN.
SAM.
Coupons thé-café E3, E4
Coupons de viande 42
Coupons de viande 43
Coupon de beurre 54
Coupons de viande 44
UN COUPON, DE CONSERVES EST BON POUR

配給券

第十章　新しい社会の誕生——〈静かな革命〉（一九四四—一九七六年）

戦争が終結すると、程度はさまざまだが、直接戦闘に参加した男女が帰還することになる。彼らは、世界と人生に関して別の考え方をもって戻ってくる。彼らは、「世界を見た」のだ。彼らの地平は広がった。たとえ、戦前のケベック州が自己の殻に閉じこもっていたわけではなかったとしてもである。彼らは、軍需産業が変革されるべき時期に帰還する。軍需工場で働いていた女性たちは、おそらく、いくつもの工場の閉鎖の影響をもっとも強く受けている人びとだ。幸いにも、物価賃金統制が終わると住宅建設が急速に発展する。戦時中に節制していたおかげで、多くの人びとが新しい家電製品を手に入れることができた。

一九四一年から一九五一年までに、ケベック州の人口は二一・七一パーセント増加する。結婚が遅れていた男女は、日常が戻ってくると大挙して結婚する。出生数は跳ね上がる。一九四一年にその数は九万一〇〇〇人を数えていたが、一九四六年には一一万三五〇〇人に、そして、約一〇年後には一三万八六〇〇人になる。人口の四分の一以上が十歳以下となるのだ。「ベビーブーム」が話題に上る。それは世帯ごとの子どもの数の増加ではなく、むしろ、子どもを生む女性が増えたということである。

ケベック州の人口は、出生によるだけでなく、大量の移民によっても増加する。戦時下においては、新たな市民への門戸はほぼ完全に閉ざされていた。この新たな市民の出身地は広がりを見せる。ブリテン諸島からの移民は減り、一方で、イタリア、スペイン、あるいはポルトガルのような国々が重要になってくる。モンレアル市が、ケベック州にやってくる人びとを惹きつける中心であることに変わりはない。一九四四年八月末から、モーリス・デュプレシ率いるユニオン・ナショナル党が政権につく。州の自治権が、この政権の政策でもっとも重要な位置を占めることになる。一九四六年、連邦＝州首相会議から帰ると、デュプレシは次のように明言する。「州の自治権、州の諸権利、それは人びとの、民族の魂であり、何人も侵害することはできない。これらの権利と特権があればこそ、われわれは、フランス語とカトリックによって、自分たちの子どもを育てることができるのだ。（……）われわれは連邦《コンフエデラシオン》のなかで第一級の位置を占めている。数の上では少数派だが、長子であるという点では、われわれの方が優勢だ。ケベック州は、生きる権利と存続を保証する権利を要求する」。一部の人びとにとって、デュプレシ的な州の自治権は無意味であり、たんなる言葉にすぎない！

しばらく前から一部のナショナリストが州旗に関する運動をしていたこともあいまって、他のいくつかの州にならって、デュプレシは「彼の」州に独自の旗をつくることを決めた。一九四八年一月二十一日、枢密院令により、白百合の紋章のついたものが、ケベック州の正式な旗になる。すなわちケベック州がフランスに由来することを想起させる、四輪の白百合と白い十字架がついたものだ。モンレアルの日刊紙『ザ・ガゼット』のジャーナリストによると、この旗の採用は、数カ月後に行われるはずの総選挙と無関係ではない！

皆がユニオン・ナショナル党の政策、そしてとりわけケベックを支配している雰囲気に賛成していたわけではない。映画はつねに、政府機関側の厳しい検閲の対象だった。共産主義者とエホバの証人〔一八七〇年に米国で始まったキリスト教系の新宗教〕は、抑止的措置の対象だった。カトリック聖職者はつねに力を持っており存在感があった。一九四六年三月、司教らは司教教書を発表し、その中で、彼ら曰くケベックに広まっている不道徳と慎みのなさへの遺憾の念を述べた。二年後、芸術家や知識人たちは、彼らの言うところの、州を支配している抑圧的な空気を告発する。『全面拒否』〔一九四八年にポール＝エミール・ボルデュアによって極秘に出版され、ケベック州の芸術家たちが署名した宣言〕の署名人らにとって、「あらゆる形態の恐怖の支配は終わった。その記憶を消すという常軌を逸した希望をもって、私は以下のものを列挙しよう。自己への――その兄弟への――貧困への恐怖、既存の秩序――愚かな正義への恐怖、これまでになかった関係への恐怖、理性を超えるものへの恐怖、不可避なものへの恐怖、人間への——未来の社会への信頼に対して大きく開いた水門に対する恐怖、変貌させる愛を始動できるあらゆる様式への恐怖、青い恐怖、赤い恐怖、白い恐怖。すなわち、われわれの鎖の環」。発表当時、このマニフェストにはほとんど反響がなかったが、それは何年も後になってから突然訪れる根本的な変化の予兆だった。

労働者の世界との対決は、よりいっそう暴力的となる。デュプレシ政権は、労働組合に対してあまり共感的ではないことで知られていた。検事総長も兼ねていた首相によると、一部の組合には、共産主義者が潜入していた。ヴァレーフィールド〔ケベック州の南西部にあるモンテレジー地方のボアルノワ＝サラベリー地方自治体に属する都市〕の有限会社モントリオール・コットンでのストライキの際、彼はこのように明言する。「現政権は、結核が人の健康にとって危険であるよりはるかに公衆衛生に危険を及ぼす共産主義的プロパガンダの手口をけっして許しはしない」。

デュプレシ時代でもっとも記憶に残るストライキは、間違いなく、一九四九年のアスベスト鉱山におけるストライキだ。労働者らは、たとえ自らの健康が珪肺症によって脅かされていても、アスベストス〔ケベック州の町バルデスルスの旧称。巨大な石綿鉱山が存在した〕のカナディアン・ジョンズ＝マンヴィル社にたいする賃上げ要求を彼らの要求の基盤にする。ストライキ参加者と治安部隊との衝突が増加する。闘争は悪化し長引く。ストライキ参加者には何もかもが不足し始める。聖職者たちの支援で、ケベック州のいくつもの地域でカンパが組織される。司教座聖堂参事会員リオネル・グルー〔九三頁参照〕は、全国的な寄付を強く推奨する。彼はこう述べる。「このストライキ参加者たちは、他のストライキ参加者とは違う。彼らは賃金や食べることのためにだけ闘っているのではない。彼らは、まさしく、殺人的な産業における自分たちの暮らしと、労働者である彼らの娘たちや息子たちの暮らしを守るために闘っているのだ。（……）すべての人びとに呼びかける時が来た。州全体がこの不当な悲惨を終わらせなければならない」。モンレアルの大司教ジョゼフ・シャルボノー〔一八九二―一九五九〕は、この闘争に直接的に介入する。彼によると、「労働者階級は、徹底的に制圧しようとする陰謀の犠牲者であるため、この陰謀があるかぎり、教会の義務とは、まさに介入することである」。このような立場表明は残念ながらデュプレシ首相の意にそぐわない。

一九五〇年からの一〇年間は、暴力を伴うまた別のストライキによって記憶に残ることになろう。デュプレシにすれば、雇用主は「一家の良き父親」として振る舞わなければならないとしても、労働者のほうも、従順とはいえないまでも辛抱強くなければならない！　コート＝ノール地域〔ケベック州の北東に位置する地方行政区〕で鉄鉱石の採掘が始まったことによって、数百名の労働者がそこに住み着くことを余儀なくされた。一九四六年、ホリンガー・ノース・ショア・エクスプロレーション社は、州政府から八〇年間に及ぶ鉱山開発の権利を獲得する。同社は一九四九年、アメリカでアイアン・オア・カンパニー・オブ・カナダ〔ケベック州の鉄鉱石鉱山を操業する会社〕と合併する。コート＝ノールの鉄が人びとを惹きつける。六年後、ケベック・ノース・ショア社は、シェファーヴィル市を創設する。一部の人びとは、デュプレシが、一トンわずか一セントの鉱石のためにコート＝ノールを鉱山会社に「売った」と非難する。世間はこのとき、政府にとって大きな収入になる開発権の譲渡に関する他の条項があることを忘れている。

鉱山開発に関するデュプレシの態度は、既存の行政機関への反対派の権化である日刊紙『ル・ドゥヴォワール』の論説委員の辛辣なコメントを呼ぶことになる。一九五〇年、この反対派は新しい刊行物『シテ・リーブル』誌により強化される。協力者である創刊メンバーの中には、ジェラール・ペルティエ〔一九一九―一九九七、ジャーナリスト・政治家〕やピエール・エリオット・トルドー〔一九一九―二〇〇〇、ケベック州出身の第二十・二十一代カナダ首相〕の名もある。発行部数は少なかったが、この刊行物はケベックの知識人に多大な影響を与えることになる。雑誌の第二号では、ある共同執筆者が次のように書いている。「カトリシズムは、ケベックでは、勧められたのでもなければ、教えられたものでもなく、課せられ、押し付けられ、たたきつけられたものである。神、すなわちわれわれの心の自由の中でしか近付きようがない愛そのものである存在が、血清剤のように注入されている。信仰か、さもなくば死か〔フランス革命の際に用いられた表現〕。われわれはまだその段階にいるのだ」。このような言葉のために、この新しい出版物が、カトリック聖職者の目に好ましく映るはずがなかった。

一九五二年、ラジオ＝カナダのテレビ放送の到来もまた、世論における変化の一因となる。映像によって多くの家庭の中にますます世界の情報が入ってくるのである。一九六一年、テレ＝メトロポールの放映開始は、もっとも広い意味でのケベック文化のより大衆的な存在感を示すことになる。ちなみに、一九四五年、デュプレシはラジオが持つことになる重要性を予告していた。当時、彼はラジオ＝ケベックを創設する法律を可決させていたのだ。しかしながら、何一つ具体化されたわけではないのだが。

文化と教育の世界は、一九五一年六月一日付のカナダにおける芸術、文学、科学の発展に関する政府の調査委員会の報告書の発行によって揺り動かされる。この委員会の議長を務めていたのは、トロント大学総長ヴィンセント・マッシー〔一八八七―一九六七〕と、ラヴァル大学社会科学部長でドミニコ会修道士のジョルジュ＝アンリ・レヴェック〔一九〇三―二〇〇〇〕――デュプレシの嫌われ者の一人――である。報告書で、委員らは教育と文化を区別している。前者が州の分野であるのに対し、後者は各政府レベルの権限なのだ。彼らにとって、カナダの大学は文化の中枢である。結果として、大学は、連邦政府の政策と、連邦政府から支給される補助金の対象となり得る。したがって連邦政府が大学に出資することになる。しかし、ユニオン・ナショナル党政権にとってそれは受け入れがたいことである。そこで、補助金戦争が勃発する。妥協点の模索は水泡に帰す。一九五三年二月十六日、デュプレシは次のように明言する。「今年度は、そしてこれからも、連邦政府が、われわれにとって非常に大切な分野である教育に補助金を出すことは認めない。連邦政府の新予算は、いまだにわれわれの大学への資金を予定している。われわれはこれを認めない」。「まっとうな」解決策が見つかるには、一九六〇年のアントニオ・バレット〔一八九九―一九六八。一九六〇年一月から七月までケベック州首相を務めた〕政権とジャン・ルサージュ〔一九一二―一九八〇。一九六〇年七月から一九六六年六月までケベック州首相を務めた〕政権を待たねばなるまい。

他の州は自分たちが所轄するいくつかの分野に連邦政府が介入することをあまり躊躇していないが、自らを独特な州とみなすケベック州にとっては同じわけにはいかない。一九五四年、自由党のカナダ首相、ルイ・スティーヴン・サン＝ローラン〔一八八二―一九七三〕は、自身の出身州が他の州と異なってはいないことを思い出させる。「ケベック州は他の州と同じではないと言われている。私はこの意見に賛同しない。ケベック州は、他の州と同じような州でありうると考える。（……）私がこの職にいるかぎり、連邦政府は、国全体よりも州の方が重要であるとは認めない」。一九五四年は、州政府と連邦政府が対立する小競り合いにおいて、重要な印を残す。すなわち、州政府が州税を設けることを決定するのだ。ケベック州に納められる州税の割合に関する合意は、一九五六年二月にようやく成立する。

年月が経てば経つほど、人びとはユニオン・ナショナル党政権が長期化するばかりではなく、ますます明らかなえこひいきに陥っていることに気がつく。政府との契約をとりつけるためには、政党に手数料を払わなければならない。名の知れた自由党員は公的機関でポストを得る機会がいっさいない。身びいきが君臨している。選挙の時には、投票の買収や、不在者や死亡した投票者へのなりすまし、すなわち「通信機と呼ばれた選挙不正を行う人びと」のことが噂されている。一九五六年、ユニオン・ナショナル党が政権の座に留まることになった総選挙のあと、二人の神父、ルイ・オニール〔一九二五―二〇一八〕とジェラール・ディオン〔一九一二―一九九〇〕は、彼らの同僚のために、次のような告発文を発表する。「ケベック州が先ごろ証明した愚かさの爆発と不道徳さには、明晰なカトリック教徒なら誰も平然としてはいられない。われわれの内に存在している宗教的危機がこれほどはっきりと現れたことはいまだかつてない。大衆に生じている非キリスト教化の力のこれほど明白な証拠が示されたことはこれまで一度たりともなかった」。たしかに、この時代、人びとはすでに宗教的実践の減少――ケベックが一九六〇年代半ばに経験することの予兆となる減少――に気がつきはじめていたのだった。

デュプレシはますます孤独になる。何人もの大臣を巻き込んだ一九五八年のスキャンダルの勃発は、自分は裏切られたという印象をデュプレシに残す。一九五九年九月七日、アンガヴァ〔ケベック州北部の半島〕の鉱山設備を訪問するために行ったシェファーヴィルで、彼は急逝する。多くの人びとにとって、この死去は支配の終わり、すなわち、自由党員や雑誌『シテ・リーブル』の一部の共同執筆者たちが「大いなる暗黒」と呼んでいたものの終わりである。最近の研究が明らかにしつつある「暗黒」である。デュプレシが非常に権威主義的に振る舞っていたこと、組合を嫌っていたこと、共産主義者とエホバの証人をフランス系カナダ人のカトリック社会にとっての脅威と見なしていたことは、誰も否定できない。たしかに、彼は高位聖職者たちが彼に非常に従属的であったことを高く買っていた。彼は、「司教たちを完全に手なづけた」と自慢していた。しかし、肯定的な面では、彼がインフラの土台を築いたからこそ、ジャン・ルサージュの自由党政権でより近代的な学校と病院のシステムを実現できた。ユニオン・ナショナル党政権のもとで、その後の改革の際に非常に役立つことになる、数百もの学校と数十もの病院を建設した。ビジネス業界に対するデュプレシの態度は、経済的自由主義が発展し、ケベックにある種の繁栄を保証してくれたのである。彼が亡くなった時、ケベック州の公債はほとんどなくなっていた。

一九五九年九月十一日、ポール・ソヴェ〔一九〇七―一九六〇〕は第二十一代ケベック州首相に就任する。非常に難しい後任だ。しかし前任者とは一線を画そうとする。彼の統治は一一三日しか続かなかったが、多くの希望をもたらした。彼の突然の死は、大勢の人びとにとって悲劇と映った。アントニオ・バレットの短い在任は大した特徴はない。総選挙が一九六〇年六月二十二日に予定される。二年前から州の自由党党首であるジャン・ルサージュは政党スローガンが主張しているように、「変わる」時が来たと感じていた。彼は、「雷チーム」の中心的人物になるジャーナリストでテレビスターのルネ・レヴェック〔一九二二―一九八七〕や、弁護士ポール・ジェラン＝ラジョワ〔一九二〇―二〇一八〕のような素晴らしい立候補者を立てることに成功した。自由党の政策綱領は、その大部分がジョルジュ＝エミール・ラパルム〔一九〇七―一九八五〕によって執筆された。そこでは、文化省の創設、

「大学も含む全教育課程での教育の無償化」、教育に関する政府調査委員会の創設、経済方針評議会と連州関係省の創設等を約束している。

選挙運動はかなり厳しかったが、最終的に自由党が勝利する。新しい州首相はすでに連邦政府で大臣の座に着いていたので、一部の人びとは州の自治の終焉だと考える。宣誓の後一カ月足らずで、ルサージュは連邦＝州首相会議に出席し、その機会を利用して自らの方針を明言した。彼はケベック州のために「州の権限下にあるすべての分野における完全な主権」を要求する。それでもやはり州政府と連邦政府間の関係は改善していき、一九六〇年、ケベック州は入院保険に関する連邦政府のプランに加入することに同意する。しかしルサージュ政権は、領土外でその権限の範囲を拡大することを主張しようとする。そこで、一九六一年、ニューヨークとパリにケベック州政府事務所を設置する。翌年には、ロンドンに新たなケベック州政府事務所が開設される。

一九五〇年代末と次の一〇年間の初め、フランス系カナダのナショナリズムは根本的な変容を遂げる。それらの要素のうちのいくつかは、ケベック州の独立のために公然と表明される。一九五七年、レモン・バルボー〔一九三〇―一九九二、教師、随筆家、文芸批評家〕はローレンシャン同盟を立ち上げた。後に創設者はその目的を次のように明言する。「ローレンシャン同盟は、ケベック州の独立という思想を普及し、ローレンシー共和国を宣言することを目的に、一九五七年一月二十五日に始まった愛国運動である」。彼によれば、「ローレンシー国家は統一的、民主主義的、協同組合的、共同体的、そしてキリスト教主義的な共和国なのである」。新しい組織は多くの人びとから右翼の反動と見なされるだろう。その対極に、ラウル・ロワ〔一九一四—一九九六、ジャーナリスト、随筆家、ケベック・ナショナリスト〕と『社会主義誌』〔一九五九—一九六〇、ロワが発刊した雑誌〕の周辺に集まった左翼の独立主義者たちの集団がある。この集団は、「抑圧された植民地の民衆である」フランス系カナダ人の解放を望んでいる。もっと人気を博していたのは、一九六〇年九月に結成された民族独立連合（ＲＩＮ）である。この運動は圧力団体であろうとはしても、政党であることは望まない。それでもやはり、次第に政党になっていく。一九六一年六月二十四日、ＲＩＮの目的が副代表のマルセル・シャピュ〔一九一八—一九九一、科学者であり、ケベック独立活動家〕によって明示される。すなわち、「ケベック州で、フランス語を唯一の公用語であり必修の言語として承認するために——国際連合、ヴァチカン、そして世界の大都市でケベック政府を代表するために——（……）より高次な関心に応じてケベック州の経済的運命と天然資源を徹底的に制するために——同化されてゆく少数派集団を実際的にかつ効果的に保護するために——自由なネイションがもつすべての権利と特権を享受するために——北米と世界規模でのフランス系の偉大さを示す政策〔冷戦下におけるフランスのシャルル・ド・ゴール大統領の外交政策〕のために。唯一の解決策、それが〈独立〉だ」。

独立主義者らは「ケベック州（province de Québec）」よりも次第に「ケベック州＝国家（État du Québec）」という表現を用いるようになる。ジャン・ドラポー〔一九一六—一九九九〕は、一九五四年から一九五七年までモンレアル市長で、一九六〇年からふたたび同市の市長になるのだが、一九五九年三月にはすでにこの呼び方を、次のように明言しながら用いていた。「強靭で、自信に満ち、ダイナミックで輝かしいケベック州＝国家をついに建設する。これこそがわれわれのなすべき大仕事だ」。

自由党政権の最初の数年から、人びとはルサージュ州首相とルネ・レヴェック大臣がカナダの将来に関して同じヴィジョンを持ってはいないことを感じている。前者にとって、「ケベコワたちの心配は、自分たちの州にとどまらない。また彼らは、自分たちがカナダの中で占めるべき役割があると思っているが、自分たちの本来の地位を占めたいのであって、与えてもらった地位を占めたいわけではない」。このように首相は一九六二年六月にはっきりと述べている。その数カ月前、レヴェックは次のように白状した。「おそらく間違っているかもしれないが、われわれはあなた方（他のカナダの州）がいなくても痛くも痒くもないと私は思っている。それに、この思いは、フランス系カナダ人の中ではどんどん膨らんでいっていると思う」。

一九六〇年代以降、ケベック州はみるみるうちに変化する。「静かな革命」という呼称が採用されるが、これは、暴力的な衝撃なしに遂行されていく根本的な変化を示すために、トロントの英語系ジャーナリストが前面に出した表現である。宗教面では、教会に通う人の数は顕著に減っていく。一九六一年から、モンレアル司教区の司祭たちは、「一般の市民」服を着て人前に出る許可を得る。数百人の修道士と修道女が修道院から出ていく。教区は余暇の分野に有していた影響力と存在感を失う。ジル・ルティエ教授は次のように書いている。「一九六五年、〈静かな革命〉の勢いが失われようとしていた時に、教会財産管理法の見直しによって法律面でのこの変化がはっきりと現れるのだ。以後、教会にはもはや余暇活動を引き受ける権利はなくなる。教会はその自らのミッションである信仰と司牧に注力しなければならない。教会の映画館は閉館し、余暇センターを手放し、そして今もまだ責任者となっている運動場（ＯＴＪ）を自治体に返さねばならない」。この法的変化は、教区の聖職者の人員削減に対応している。

数年後、数千人の女性たちが積極的に信仰を実践することをやめる。彼女たちには、一九六八年七月二十九日に公表された、教皇パウロ六世の回勅『フマネ・ヴィテ』〔「人間の生命」という意味〕の制約は受け入れられない。教皇の文書の主題は計画出産である。これは、数年来広まり始めているいくつかの実践を糾弾するものだ。テクストは明確である。すなわち、「あらゆる夫婦間の営みは生命の伝達に通じていなければならない」というものだ。たとえ一部の神学者が、教皇の不謬性〔教皇は神の啓示を保つにあたって聖霊の助けによって誤りを犯しえないということ〕はこの場合効力を持たないと断言しても、告発と拒絶は繰り返される。『ル・ドゥヴォワール』のような新聞は、自分たちの自由がこのように邪魔されることは受け入れられないという女性たちの手紙を掲載する。思い出さねばならないのは、西欧世界は当時、性的解放の時代なのである。「ラブ・アンド・ピース」の時代だ。歴史学者ジャン・アムランは「『フマネ・ヴィテ』は、もう一つの損失を引き起こす。家庭運動と社会的アクションに参画していた数多くの活動家たちが離脱するのだ」と述べている。

一九六四年、女性の法的地位にはすでに大きな進展があった。このとき女性は、夫婦間の婚姻中の財産に関する契約において配偶者との平等を獲得した。完全な法的能力を得たのである。とはいえその法的能力とは、婚姻契約に署名をした際に設けられた規定に従いつづけるものである。財産分離方式のもとでは、女性は契約書に署名をしたり、とりわけ自分自身の財産を管理したりできたのだ。これはじつに大きな進歩である。女性はもう未成年者とは見なされていないからだ。四年後、政府は法律婚を認める。そして一九六九年、連邦政府は避妊用具の広告と販売を禁じていた刑法を改正する。

フランス語による世俗化運動〔一九六一年、作家ジャック・ゴドブーと医師ジャック・マッカイが始めた運動〕に集まった非聖職者らは、中立的な学校を要求する。教育システムの宗教性の問題は、ラヴァル大学副学長アルフォンス゠マリー・パラン〔一九〇六―一九七〇、司祭であり教育者〕が委員長を務めた教育に関する王立調査委員会のメンバーが注目するところとなる。この委員会は特にパラン委員会という呼び名で知られている。その主要な勧告は教育省の創設であり、それは一九六四年三月の六〇号法の可決で現実となる。学校制度は宗教別に留まるだろう。管理業務を効率化するために、五五のカトリック地区教育委員会と九つのプロテスタント地区教育委員会が創設され、それらが総合制中等学校の設立することになる。中等教育に通う子どもは飛躍的に増え、一九六〇年から六一年の生徒数二〇万四七〇〇人から、一〇年後には五九万一七〇〇人になる。一九六七年、総合・職業教育のカレッジ、すなわちセジェップ（cégep）が創設され、中等教育課程を卒業したばかりの生徒たちを迎え入れる。授業は無料で、職業科の生徒にとっては最終課程であり、それ以外の生徒にとっては大学入学の機会を提供している。学校制度の改革はケベック大学分校の開校で完成する。

天然資源大臣ルネ・レヴェックは民間電力会社の州営化を要求する。ルサージュ州首相はそのような施策にはあまり賛同していなかったが、彼はこの計画が根本的な争点となる総選挙の開戦を受け入れた。一九六二年十一月十四日の晩、ルサージュは大喜びだ。「またとない機会だ。今宵、今こそ我らは我が家の主人となる」。翌年五月一日、イドロ＝ケベックが主要な発電・送電会社の所有者となる。

経済的発展をよりよく掌握するために、ルサージュ政権は金融総合会社を設立する。この公社は「ケベックにおける工業系および商業系企業の形成と発展を奨励、促進する必要があり、貯蓄の一部をこの公社に預金することでこれらの企業の発展に参加するよう人びとを促す必要がある」。二年後（一九六五年）、貯蓄投資公庫がつくられ、これはさらにいっそうケベックの発展を代表する役割を果たすことになる。それは、「法律によって定められている委託金の総額」の運用が任されている。

いくつもの分野におけるケベック州のこのような立場表明は、一部の人びとに「美しき州」

〔ケベック州のこと〕の将来に関する疑問を生じさせた。それは、共同代表のうちの一人にアンドレ・ロランドー〔一九一二―一九六八、作家、ジャーナリスト、政治家〕を擁す二言語主義・二文化主義に関する政府調査委員会のメンバーらの次のような意見があるので、なおさらである。それによると、「カナダは連邦結成以来の自らの歴史のうちでもっとも危険な時代を経験している。われわれは危機的状態だと思う。つまり、決断と真の変化の時なのだ。結果として、決裂か、存在の条件の新たな調整かになるだろう」。この意見は、一九六五年二月に表明されたが、その一カ月前には、野党のユニオン・ナショナル党党首ダニエル・ジョンソン〔一九一五―一九六八〕によって執筆された『平等、さもなくば独立』という著作が出版されていた。彼は、「真に二民族国家であるカナダにおいて、フランス系カナダ民族にとっての平等を手に入れるための最良の方法は、新憲法が採択されなければ不可避となるケベック州の独立の条件をただちに整備することである」と述べている。さらに付け加えて、「(……)私自身は、想定し難いリスクを伴うことは言うまでもない独立という段階を経ずとも、交渉によってわれわれが平等に到達できるほうが望ましいと考えている」。

一九六六年六月五日、野党党首ジョンソンがケベック州首相になる。彼の政権獲得は、連邦議会でいくばくかの不安を引き起こさずにはいない。独立問題が話題になっている。しかも、三年前からいくつかの小集団が思想を広めるために暴力を用いている。十月、ジョンソンは自身の立ち位置を明確化する必要を感じる。彼はこのように述べている。「もしケベック州がカナダから離脱するとすれば、それはそうせざるを得なかったからだ。フランス系カナダ人は誰一人、ゲットーに閉じ込もることなど、心の奥底では望んでいない」。ほどなくして、野党党首になったルサージュは、連邦主義に対する自身の信念を再確認する。「ケベック州が独立するならば、いくつものアフリカの国々に起こったことが、ケベック州にも起こるであろう。それらの国々は政治的独立を享受していても、経済的独立は享受していない。それほどまでに、独立は生活水準の低下を招いたのだ」。数カ月後、彼は自身を「裏切者」と呼ぶ人びとへの返答に、次のような発言を追加している。「連邦における平等を推進するために尽力している人びとを裏切者呼ばわりするようなやり方は、断じて認めない」。

一九六〇年代半ば以降、ケベック州で暮らす多くのフランス系カナダ人が自らをケベコワと呼ぶほうを好むようになる。一九六七年七月二十四日、連邦結成百周年と重なった万国博覧会の際にカナダを訪れていたシャルル・ド・ゴール仏大統領〔一八九〇―一九五九、第十八代フランス大統領〕から「カナダのフランス人」と呼ばれる。「王の道」を通ってケベック市からモンレアルへ至る旅の終わり、市役所のバルコニーから彼が発した言葉は、長いあいだ反響することになる。「モンレアル万歳！ ケベック万歳！ 自由なケベック万歳！」パリでは、その前の五月十七日、ド・ゴール大統領がダニエル・ジョンソンにこう表明していた。「あなた方の将来に役立つようお助けするつもりでいますよ」。その通り！ 実現された！ ただし、その結末はおそらく想定されていなかった。ケベック自由党は特別会合を開き、終了後、ジャン・ルサージュは次のように明言する。「われわれの党は分離主義の政党ではないし、（……）われわれが構築しはじめた独自の地位をいっそう強化し続ける」。十月半ば、政党の年次総会のときに、事態は新たな展開を見せる。一カ月前に、ルネ・レヴェックはあるワーキング・ペーパーを準備していて、そのなかで彼はケベックの主権とカナダとの連合を強く推奨していた。ポール・ジェラン＝ラジョワによって提出された決議案は、解決策は新たなカナダ憲法であるという党の立ち位置を再度強調している。この動議は受け入れられたが、レヴェックのものは拒否された。レヴェックと彼の支持者たちはすでに会議場を去っていた。翌月、主権＝連合運動の結成大会が開かれ、これは翌年には「ケベック党」〔一九六八年に結成された分離主義の政党〕という名の政党になる。

一九六八年六月二十五日、カナダ自由党党首ピエール・エリオット・トルドーが首相になる。ケベックの独立構想にもフランス系カナダのナショナリズムにも反対する彼の野党は、大闘争になることをちらつかせる。翌年トルドーは、フランス語と英語は連邦行政の全機関で公用語であることを明文化した法律を可決させる――「同法では数がその正当性の根拠になる」〔同法によると、州内の地域の住民の少なくとも一〇パーセントが言語的少数派の言語話者である場合に「バイリンガル連邦指定地域」を設けることができる〕。同年、ダニエル・ジョンソンの急逝後、ジャン＝ジャック・ベルトラン〔一九一六―一九七三〕率いるケベック州政府は、親が子どもの教育言語を自由に選択できることを認める「六三号法」を採択する。このような施策は、ケベック州内では唯一フランス語が公用語であると主張する人びとの反感を買う。

ベルトラン政権の言語政策と、自由党が一〇万人の新規雇用を約束しているという事実によって、一九七〇年四月二十九日の自由党勝利はおおむね説明がつく。その前の数カ月間、ケベックでは六三号法を告発する多くのデモがあった。はじめてケベック党が選挙に候補者を出した。党首ルネ・レヴェックは、カナダのことを「狂人の家」と呼んで、次のように述べた。「その中でわれわれは一世紀来笑いものになり、無力で、弱く、泣きわめくことを余儀なくされて、しかも『我が家の主人』とか、『今や変化の時』とか、『ケベック第一』だとか、さらに今では、『仕事しているケベック』とか、『いまだかつてないケベック』といったような、忌まわしいスローガンを作ってわれわれを愚か者扱いする古い政党に悲惨なまでに笑いものにされている」。選挙日、ケベック党は二三パーセントの票を獲得したが、州議会の一〇八議席のうち七議席しか獲得できなかった。

二年前から、「ナショナル（national）」という語が州政府機関を示すためにますます使われるようになってきている。州議会（Assemblée nationale）に加えて、州立図書館（Bibliothèque nationale）、州立古文書館（Archives nationales）もある。ケベック市がケベック州の州都に指定されるのは、ずっと後のことにすぎない。「州（province）」という語は、ケベック州政府の語彙からは完全に消えた。一部の「連邦主義者」だけが使い続けている。

政権について間もなく、ロベール・ブラサ〔一九三三―一九九六〕州首相率いるケベック自由党は、ケベック現代史上もっとも深刻な危機の一つと対峙しなければならなくなる。〈十月危機〉である。一九七〇年十月五日、ケベック解放戦線のメンバーがモンレアルにあるイギリスの高等弁務官事務所の商務官ジェイムズ・リチャード・クロスを誘拐する。三日後の公開文書で誘拐者たちは革命を呼びかける。「あなた方の地区で、あなた方の職場で、あなた方自身で革命を起こせ」。そして、彼らが「政治犯」と呼ぶ投獄されたフェルキスト〔ケベック解放戦線のメンバーのこと〕とシンパらの解放を要求する。数日後、また別のフェルキストのセクトがアクションを起こし、ピエール・ラポルト大臣〔一九二一―一九七〇〕を誘拐するが、彼は「処刑」〔殺害を意味する〕されることになる。その間に、連邦政府はモンレアル市長とブラサ州首相の要請で、戦時措置法の発動を宣言した。これは数百人の逮捕者を出すが、その中の大部分はテロリスト運動とはいっさい関係がなかった。ケベック州独立の支持者たちは最初に刑務所に入れられたが、人身保護令状〔不当に人身の自由が奪われている者の身柄を裁判所に提出することを求める令状〕は執行停止されていた。

　ケベック解放戦線の多くのメンバーが逮捕されたことで、爆弾やテロ行為を手段とすることは下火となった。それに対して、労働組合戦線では、緊張が高まる。三つの大きな労働組合連合、すなわち全国労働組合評議会（CSN）、ケベック労働者連盟（FTQ）、ケベック教員組合連合（CEQ）は左派に方向転換する。設定された主題の一つが意味深い。すなわち、「われわれ自身の力だけに頼ろう」。一九七二年春、ケベック州政府との労使協定の更新の際に、三つの労働組合連合は共同戦線を張る。時限ストライキが増加する。州議会は仕事への復帰を発令する法律を可決する。三つの労働組合連合のリーダーは、自分たちのメンバーは従わないという決定をする。彼らは逮捕され、法廷を侮辱したことにより投獄される。彼らの控訴は裁判所から棄却される。短期間の勾留後、ようやく解放される。

政権の座について三年と少しが経って、ロベール・ブラサは一九七三年十月二十九日に総選挙を行うことを宣言する。彼の世紀の大計画、ジェームズ湾〔ハドソン湾の南方、ケベック州とオンタリオ州の堺にある湾〕での水力発電所建設が実現しつつある。連邦政府はこの計画への財政支援を拒否する。ケベック党にとっては、これは二回目の選挙運動である。この選挙運動はブラサがケベック州の将来に関する彼の構想を詳しく説明する機会となる。「分離主義は捨て去られるべきである。なぜならそれはケベックの発展を悲劇的なまでに遅らせることになるからであり、またそれはケベコワたちに、なかでももっとも恵まれない人びとに、取り返しのつかない経済的社会的傷を負わせる危険があるからである。（……）経済的社会的結果においてケベコワにとっては受け入れ難い、通貨統合を伴った分離主義は、したがってケベックにとって完全に無用である。それは現実には偽りで見せかけの一時的な主権にしか、ケベコワが大きな犠牲を払うのに、まったくもって必要としていない主権にしか、ケベックを導かないからである」。選挙運動は自由党の圧勝で終わる。自由党は、州議会の総議席一一〇のうち一〇二議席の獲得に成功するのだ。レヴェック自身でさえ落選してしまう。

言語問題はブラサの二回目の任期の中心となる。一九七四年七月三十一日、「公用語に関する」二二号法が可決される。それは「フランス語はケベック州の公用語である」と宣言する。一〇条は次のように規定している。「公共機関はカナダの他の政府との、またケベック州の法人とのやり取りのために公用語を用いなければならない。何人《なんぴと》も自分の選択によりフランス語または英語で公共機関に問い合わせる権利がある」。一三条により、「フランス語と英語は、住民の大半が英語話者である自治体や教育機関の内部のコミュニケーションの言語である」。同法案の最終的な採択の直前に、ケベック党議員ジャック＝イヴァン・モランが次のように指摘する。「この法律は、その曖昧さのせいで、言語問題を解決するどころか、ケベックにおける緊張をさらに深刻化させてしまうだろう。（……）この法案は現状を是認しており、それも、曖昧なやり方で、現状の方法で、そうしている」。たしかに、教育言語に言及したこの法律の部分は不明確であった。というのも、英語系学校に自分の子どもを通わせたがっているアロフォン〔カナダの公用語である英語とフランス語以外の外国語を母語とする人のこと〕にとっては規制が問題になっていたからだ。

二二号法が憲法違反であると明言するための手続きを連邦政府が取るかどうかに関して意見を求められたトルドー首相は、連邦政府はこの問題に介入するつもりはないと回答する。彼の最大の関心事は、カナダ憲法の移管である。イギリス議会で採択された法律によって設立された連邦は、新たな法律によってイギリス議会がカナダ政府に権限を移さないかぎり、イギリス議会しか憲法の内容を修正できなかった。しかし、そこが難しい点で、一八六七年の法律の内容をどのように修正するのかが問題なのだ。トルドーによって提唱された一方的な移管の脅威を前にして、ブラサは起こりうる事態に反対する。彼はこう明言する。「ケベック州政府はカナダの連邦主義の価値への愛着を一度ならず示してきた。しかしながらケベック州政府は、連邦政府による憲法の一方的な移管が連邦主義の原則さえも見直させることになるなどということは許さない。（……）そのうえ、純然たる移管とは、万が一の場合にはケベック州がその文化的アイデンティティの保持を確固たるものにするに必要な保障をあらかじめ獲得すべく、州政府が繰り返し行ってきた諸要求を拒絶する移管である」。トルドーにとっては、またの機会にするだけのことだ。

一九七六年十月半ば、言語状況は教育面で悪化する。影響力をもつ英語系住民のなかに、この分野におけるブラサ政権の方向性を認めない者がますます増えてくる。さらに、フランス語系住民のパイロットが上空でフランス語を使用する権利を要求する。首相は人びとに新たに訴えかけることに決める。総選挙が十一月五日に設定される。ケベック党政策綱領の文頭には、独立問題に関する州民投票を行ったうえでのケベック州の独立がある。州民投票の段階を経なければならないとしたことにより、ケベック党は四一・四パーセントの得票率を得ることができた。これはつまり、七一名のケベック党議員が当選したということだ。自由党員は二六議席獲得し、ユニオン・ナショナル党は一一議席だ。ルネ・レヴェックは喜びを抑えきれない。「ケベコワであることがこれほどまでに誇らしいなんて、思ってもいなかった」と、彼は数千人の支持者たちの前で気持ちを露わにする。さらに加えて、「いまだかつてなかったような、すべてのケベコワの故郷となるような祖国を建設すべく全力で働く所存である」と述べる。トルドー首相にとっては、「レヴェック氏とその内閣がケベック州を他のカナダから分離させるためではなく、統治するための任務を得るように、ケベックの人びとは憲法問題に関してではなく、行政的経済的な領域の選択に関して投票したのである」。翌日、下院で、トルドー首相は公式見解を発表する。「われわれは、どの州ともいかなる形態の分離主義の交渉もするつもりはない」。

多くの人びとにとって、決断の時は来た！

le prix
de la
séparation
0000001
BEC
1
UN
PÉCU
ANQUE DU QUEBEC
UN

ドル対ペキュ

第十一章　対決の時代――ケベック・ネイションの形成（一九七六―二〇〇八年）

ケベック党が政権の座についたことはいくらかの波紋を呼び、一部の財界人を不安にさせる。しかし、大きな流出はなさそうだ。たとえいくつかの英語系企業が本社をオンタリオ州に移しても、証券取引は暴落していない。一九七六年十一月二十四日、トルドー首相は、国民にたいする演説において、直近の選挙に関して次のような結論を出す。「ケベック州における十一月十五日の選挙は一部の人びとには多大な不安を、他の人びとには多くの希望をもたらした。（……）第一に分かったことは、民主主義がケベック州で健在であることだ。これは非常に喜ばしい知らせである。（……）第二に分かったことは、ケベック州が分離主義を信頼していないということだ。ケベック党は一九七〇年と一九七三年に打ち負かされた。ケベック州の分離を強く推奨していたにもかかわらずである。その代わり、ケベック党は、争点は分離主義ではなく、州の正しいマネジメントであるとあちこちで宣言した一九七六年に勝利した。つまり、ケベック党員自身が、分離はケベコワに支持されているとは思っていないということで、これは私にとっては二つ目の良い知らせだ。第三に分かったことは、ケベコワは自ら新しい政府を選んだのであって、新しい国を選んだのではないということだ。分離するためのいかなる任務も負っていないことは、ルネ・レヴェック氏も認めるところである」。カナダの自由党党首にとって、本当のところ生じている問題はたった一つ、すなわち「カナダあるいはケベック州の誰が、自由と独立のもとでケベコワの発展をよりよく保証できるか」である。トルドーの演説の翌日、ルネ・レヴェックは職務宣誓を行い、「エリザベス二世女王陛下とその相続人と後継者に、法に従って、真の忠誠」を果たすと誓う。

しかしながら、ケベック党党首は独立の考えを隠さない。十二月五日、彼は自身の信念をふたたび強調する。「われわれは、ケベック州の必要性が尊重されているかぎりは規則に則って行動するつもりであることを、他の州と連邦政府の財務大臣に示すだろう。しかし同時に、ケベック州の独立がわれわれの最終目的であることを彼らに繰り返し言い続けるだろう」。たちまち州政府と連邦政府の間に緊張感が広がる。トルドーは、ケベック州が独立した場合、「新たな国」の領土保全は保証されないとはっきり述べる。「もしカナダが分割可能ならば、ケベックも分割可能なはずである」と明言する。

新政権によって採択された最初の施策のうちの一つは、フランス語に関するものだ。ケベック州にやって来る移民の約五〇パーセントがフランス語も英語も話さないという事実を考慮するならば、州政府の文化振興大臣カミーユ・ローランにとって、フランス語を唯一の公用語とする法律の可決は急ぐ必要がありそうだ。一九七七年八月二十六日に承認された〈フランス語憲章〉は、すべての政府機関、職場、広告、職能団体においてフランス語を使用すべきであることを規定する。さらに、法律によって想定された一部のケースを除いて、アロフォンの移民は自分の子どもをフランス語系の学校に通わせることを義務とする。「一〇一号法」と呼ばれた〈フランス語憲章〉は、ケベックの様相を大きく変貌させる。社会学者ギ・ロシェは次のように述べている。「一〇一号法以降のケベック州は、もうけっして以前と同じではありえない。すべての当事者、すべてのケベコワがそのことを自覚していた。〈フランス語憲章〉は、その採択の時に、そして今日（つまり二〇〇〇年現在）に至るまで続く長い期間にわたって、ケベック社会のすべての場に衝撃波を引き起こした。この衝撃波は遠くケベック州の外にも伝播したのだった」。

何年もかけて、一〇一号法は裁判所の決定に従っていくつかの部分を修正したり削除したりする。一九七八年、同法はカナダや国際的な企業の本社における英語の使用の拡大を許可する。翌年、カナダ最高裁判所の判決は、法制と司法に関する章の無効を申し渡す。一九八二年に採択された新憲法の中に〈権利と自由に関するカナダ憲章〉が組み込まれたことは、自分の子どもを英語系学校に通わせることができなかった親にとって将来それが可能になることを意味する。一九九三年、自由党政権下で、フランス語が占めるスペースの方を広くするという条件で、フランス語とは異なる言語での広告が許可される。すべての解決には至っていないようだ。というのも、二〇〇〇年、ケベック党政権はケベック州におけるフランス語の現状と将来に関する代表者会議を設立することになるからだ。委員会の報告書は、翌年の八月に提出される。

ケベック党の最初の任期中、さまざまな施策——自動車保険、政党助成金、農業用地保護、消費者保護など——が採択されるが、それらは一部の人びとにとっては、政府の出しゃばり過ぎと映る。その一方で、他の人びとにとっては、もう過去のものでしかない静かな革命の新しい息吹である。人びとは、ケベック州が独立の方に向かっていくべきかどうかを判断する必要が出てくるだろう。一九七七年八月、公聴に関する白書が提出される。翌年、連邦政府は州民投票に関する基本法を可決する。

一九七九年十二月二十日、州民投票の問いが公表される。その文章は多くの人びとにとってとっつきにくいものだ。「ケベック州政府は、人びとの平等の原則に基づいて、カナダ他州と新たな協定を締結する案をお知らせしました。この協定はケベック州に、自らの法律をつくり、税金を徴収し、外交関係を築く独占的な権限——すなわち主権——の獲得を許すものであり、同時に、同じ通貨の使用を含む経済的連合をカナダと維持することを許すものです。これらの交渉から生ずるいかなる政治的地位の変更も、もう一度州民投票を行って、人びとの承認を得ることなしに実施されることはありません。したがって、あなたはケベック州政府に、ケベック州とカナダ間で提案される協定について交渉する任務を承認しますか。賛成……反対……」

州民投票運動はたちまち感情的なものとなる。同じ一つの家族の中で、「賛成」支持者と「反対」支持者が出てくる！　自由党は、ケベック州の自由党もカナダの自由党も、「反対」を表明している。四月半ば、下院では、保守派との政権交代による短期間の中断ののちに、ふたたび首相になったピエール・エリオット・トルドーが次のように述べている。「カナダは主権独立国家であり、連合を交渉するなど論外である」。一九八〇年五月二十日、ケベック州では五八・二パーセントが「反対」に投票する。失望したルネ・レヴェックは次のように言う、「今まさにボールは連邦主義者の側に投げ返された。ケベック州民は連邦主義者に明らかにもう一度チャンスを与えたのだ。（……）もし反対派が勝てば、現状が葬り去られる、そのことに関して、ケベコワは何も悔やむ必要などない、ということを誰もが表明したのだ」。トルドーはと言うと、彼は早速変化について語る、「カナダ連邦政府を刷新し、この国のすべての市民同様、すべてのケベコワが、カナダ人であり、そのように表明する喜びを取り戻すためには、この変化の意志に頼らなければならない。私はレヴェック氏がこの再生の仕事に協力してくれることを期待している」。

したがって、カナダ憲法を根本的に見直す必要があり、そのために、移管に着手しなくてはならない。すなわち、問題は、州首相らが移管の前もしくは後に生じる修正に合意するかどうかである。ケベック州の立場は、主に次の三つの点に要約できる。すなわち、「ケベック州の自己決定権を認める必要性、カナダの二元制と二つのネイションの存在の承認に基づいたカナダ新憲法の制定の必要性、そしてケベック州の文化的アイデンティティを保護するためにきわめて重要な権限、とくに教育と言語に関する権限を保持するというケベック州にとっての絶対的な必要性」である。州首相らが進め方に関して同意する前であっても、トルドーは移管に向けて単独で着手する備えがあると告げる。そこで、ある種の共同戦線が、ケベック州を含む八つの州の間で現れる。ケベック州首相が不在のなか、一九八一年十一月五日の晩から六日にかけて、他の七つの州は別の協定を作成する。この出来事は、後に「長いナイフの夜」〔一九三四年にドイツで起きたナチ党による粛清事件に因んだ表現で、裏切りを意味する〕として知られることになる。三日後レヴェックは、経済に関する会議を除いて、ケベック州は連邦＝州首相会議から撤退すると発表する。

翌年の三月、イギリス議会は「カナダ憲法」を承認する。四月十七日、女王エリザベス二世は新憲法、ケベックには拒否権がない憲法の発効を宣言する。のけ者にされたケベック州にしてみれば、不本意ながらも受け入れねばならない憲法が押し付けられた瞬間だ！

一九八二年から一九八三年にかけて、ケベック州は西欧の大半と同じように、深刻な経済危機を経験する。連邦政府は各州に投じる総額を減らす。ケベック州政府は、多くの支持を失うことになる施策を採択する。すなわち、公務員の給与の大幅な引き下げだ。一九八四年九月四日、ブライアン・マルルーニ率いる保守党員らが連邦政府で政権についたことにより、ケベック党内では緊張が高まった。選挙運動の際、マルルーニはケベック州が「敬意と熱意をもって」新憲法に同意できるようにすると約束した。レヴェックはそこに「興味深い歩み寄り」があると見ていた。「それなりのリスク」を冒す——つまり独立の考えを縮小する——覚悟があるとも思っていた。彼はこのように書いている、「次の選挙では、主権を争点にするべきではない。全面的にも、多少とも取りつくろったうえで部分的にも、だめだ」。このような方針が課されるのを前に、何人かの大臣と議員が辞職する。一九八五年六月二十日、今度はルネ・レヴェックが辞職する番だ。もっとも信望あるメンバーを何人も失ってしまったケベック党は、次の十二月二日の総選挙で敗北する。そこで、ロベール・ブラサがケベック州首相に戻ってくるのだ。

マルルーニ首相の要請で、ブラサ政権は新カナダ憲法の承認のためにケベック州が提示する条件を明確にしなければならなくなる。その条件は全部で五つだ。「独特な社会としてのケベック州の明確な承認、移民に関するより大きな権限を獲得することの保証、歳出に関する連邦政府の権限の制限、ケベック州の拒否権の承認、カナダ最高裁判所の裁判官の任命へのケベック州の参加」である。

一九八七年六月三日、ガティノー公園内のミーチ湖に集まった州首相らとカナダ首相は、ケベック州の要求に関して合意に至る。前文が議論の雰囲気を伝えている。「オタワの会合において、カナダ憲法の発展へのケベック州の十全たる参加を保証し、新たな取り決めによってカナダ政府と州政府の間の協調と協力を強化するのに適した憲法修正に関して、彼らが満場一致で合意したことに鑑みて」、州首相らは立法議会に協定の文章を委ね、カナダの国璽の下に総督が布告するカナダ憲法の修正を許可することを約束する。次のような記載がある。「カナダ憲法のあらゆる解釈は、次の点と一致しなければならない。（a）フランス語話者であるカナダ人――ケベック州に集中しているが、この国のその他の地域にもいる――と、英語話者であるカナダ人――その他の地域に集中しているが、ケベック州にもいる――の存在がカナダの根本的な特徴であることを認めること、（b）ケベック州はカナダの中でも独特な社会を形成していることを認めること」。

トルドーは、一九八四年六月三十日に現役の政治活動から引退しているが、一九八七年五月二十七日版の日刊紙『ラ・プレス』に掲載された記事の中で、数日後に調印される合意に反対を表明する。「これ以上の大失態を想像するのは難しいだろう。提起されるべき本当の問いは、ケベックで生きるフランス系カナダ人であるわれわれが、他の州よりも多くの権限が与えられた州政府を必要としているのかどうかである。私からしてみれば、この主張は、われわれに対する侮辱だと思う」。彼の考えでは、もし憲法に関する文書が人びとと立法者らに承認されれば、それは「カナダ国家をすっかり身動き取れなくさせるだろう。それはつまり場合によっては、権力の力学において、いくじなしに支配されるかもしれないということだ」。そして彼は、マルルーニ首相を「腰抜け」扱いして、発言を終える。

諸政府にはミーチ湖で成立した合意を批准または拒否するのに三年という期間が与えられている。マニトバ州議会とニューファンドランド州議会が批准しなかったため、この合意は無効となる。この二つの政府に自分が否認されたと感じたブラサは、次のように明言する。「誰が何を言おうと考えようと、ケベック州は、現在もこれからも、独特で、自由な、そして自らの運命と発展を引き受けることの可能な社会である」。当時のケベック党首であり、公式な野党党首であるジャック・パリゾー〔一九三〇—二〇一五〕は驚き立ち上がって、「首相、協力させてください」と言って手を差し出す。そこで一部の人びとは、自由党党首は独立の考えに平然と転向するのではないかと怪しむ。

翌九月五日、州議会は「ケベック州の政治的・憲法的将来に関する」検討をすべく新たに議員委員会を設置するよう要請される。委員会設置の法律の序文は、ミーチ湖合意の失敗の際のブラサの発言と同じ趣旨である。「ケベック州の男女は、自由に自らの運命を引き受け、自らの政治的立場を決定し、経済的、社会的、文化的発展を引き受けることができる」。二人の共同議長、ミシェル・ベランジェ〔一九二九—一九九七、官僚・銀行家〕とジャン・カンポー〔一九三一—、政治家〕の名前からとった、ベランジェ＝カンポー委員会は、一九九一年三月二十八日に報告書を提出しなければならない。

委員会が設置された日、世間の関心ははるかに、オカ〔モンレアル近郊の町〕で起こっていることと、数日前から封鎖されているメルシエ橋〔モホーク族の居留地カナワクとモンレアル市をつなぐサンローラン河に架かる橋〕の方に向いている。すべての始まりは、モホーク〔北米先住民のイロクォイ語族のうちの一民族〕の人びとにとって神聖とされている土地、先住民の墓地であったらしい土地にゴルフ場を拡大する計画をオカ市の評議会が知らせたことだった。三月十一日、モホークの伝統主義者たちは、松林に続く道の入口にバリケードを張った。そこが、墓地だったらしい場所なのだ。たちまち状況は悪化する。先住民の抗議者たちは、外部から来た「戦士たち」の援助のおかげで数を増す。裁判官たちが援護に呼ばれるが、攻囲者らは法廷の判断に従うことを拒否する。ロベール・ブラサ政権と占拠者たちの間の交渉は失敗する。バリケードを破り、ケベック州保安警察官たちの後を引き継ぐために、カナダ軍が呼ばれる。「戦闘」は、七八日間続いた後、翌九月二十六日に公式には終わる。危機のさなか、ケベック保安警察官一名が、「流れ」弾で殺される。

ベランジェ＝カンポー委員会は不調だ。委員会のメンバーの結論に出すべき方向性が一致しないのだ。連邦政府と州政府の間の現状に甘んじるべきなのだろうか。既存の憲法の改定を要求し、主権・連合を最優先するか、あるいはケベック州の完全なる独立を推奨すべきなのだろうか。審議の終わりに、委員会は現状維持を受け入れることはできないと明言する。考えられる解決策は二つある。連邦制を完全に刷新して地方分権化すべきか、あるいはケベック州の主権を推し進めるかである。再度州民投票を実施することを推奨する委員会からの勧告に応じて、州議会は、一九九二年十月二十六日までに実施すべき州民投票に関する法案を採択する。この十月二十六日に、二つの州民投票が行われることとなる。一つはケベック州だけの州民投票、もう一つはカナダの他の九つの州における州民投票である。五七パーセントのケベコワの有権者と五四パーセントのカナダ人の有権者が、シャーロットタウン〔プリンスエドワードアイランド州の州都〕で先に成立した協定〔ケベックの「独特な社会」条項、先住民自治権、社会サーヴィス、地域間経済格差の是正、上院改革をもり込んだ協定〕を拒否する。六つの州で協定が否決された。その二カ月前には、将来に関する報告書を提出したジャン・アレール〔一九三〇—、弁護士・活動家〕と、自由党の若手委員会のマリオ・デュモン〔一九三〇—〕が、シャーロットタウン協定に同意せず、要求を縮小したブラサを非難して同党を離れている。

一九九四年十月二十四日、ケベックで総選挙が行われ、ケベック党が政権を取り戻す。新州首相、ジャック・パリゾーは、妥協を許さない人物として現れる。告示の通り、一九九五年十月三十日にふたたび州民投票が実施される。それに先立つ六月十二日、下院で独立の考えを擁護するために一九九一年に結成された政党であるケベック連合党の党首リュシアン・ブシャール〔一九三八—〕と、ケベック民主行動党〔一九九四年結成。ケベック・モデルの改革をめざす〕党首マリオ・デュモンの間で、新たな州民投票に関する合意が結ばれる。九月二十日、一九八〇年に作成された質問よりももっと明確な質問の作成に関する合意が成立する。すなわち、「ケベックの将来に関する法案と一九九五年六月十二日に調印された合意の範囲において、新たな経済的・政治的パートナーシップをカナダに正式に提案した後で、ケベック州が主権を持つことを承認しますか」というものである。投票は十月三十日に実施された。結果は僅差だ。五〇・六パーセントが反対を、四九・四パーセントが賛成を表明する。州民投票への参加は非常に多く、選挙人名簿に登録された人の九四パーセントに及び、二つの選択肢を分かつ投票数は、たった五万四二八八票でしかなかった。その一方で、無効となった投票用紙数は八万六六五〇一枚で、そのことが法廷における対立を引き起こすことになる。原告らは、とりわけ反対を表明していた人びとの投票用紙が無効になったと主張する。

社会学者シャルル・アラリーによると、「ジャック・パリゾー州首相によって行われた主権主義運動のスタイルが、彼の路線の州民投票の直接的な敗因である。『生粋の』ケベコワの民族票を強調したために、モンレアル地域の非フランス語系住民たちがそろいもそろって主権拒否に回り、より普遍主義的な政治的統一を維持することに関心があるフランス語系住民は、不十分だと思われていたカナダ連邦への忠誠を促されたのだ」。別の歴史学者や社会学者らは、「賛成」票の増加を強調しようとする。

州民投票が行われた晩、パリゾー州首相は「反対」に好意的だったアロフォンの人びとや裕福な人びとなどの票のことを力説する。彼の声明によって生じた抗議の怒号を前にして、彼は辞職し、そして州民投票運動の際に非常に人気が出たリュシアン・ブシャールが、ケベック党を率いて、ケベック州の新しい首相になる。州民投票の結果に対して、一九九三年に連邦政府の政権についた自由党のジャン・クレティエン首相は強硬路線をとる。ケベック州は連邦政府からの憲法に関する譲歩は一切期待できないだろう。

連邦政府レベルでも、州政府レベルでも、財政赤字ゼロの強迫観念が一九九〇年代後半を通じて政府の最重要関心事となる。たしかに、公的負債は天文学的水準に達していた。ケベック州財務大臣ベルナール・ランドリー〔一九三七―二〇一五〕によって提示された一九九八―一九九九年度の予算にたいして、経済学者ジェルマン・ベルジルは次のように言う。「四〇年間ではじめて、ケベックの公的財政は均衡がとれたように見える」。しかしこの均衡は、とりわけ保健分野と教育分野における莫大な削減のおかげで可能になったのだ。多くの人びとにとって、貧困はますます耐え難いものになってきた。

二十一世紀初頭、男女とも、ケベコワの大半はケベックの将来に関して真っ二つに意見が分かれたままである。二〇〇〇年十一月二十七日の連邦総選挙の際、ケベック連合党はいくつかの選挙区で自由党に敗北する。その後二カ月もしないうちに、つまり二〇〇一年一月十一日、ケベック党の党首でケベック州首相のリュシアン・ブシャールが辞任する。たとえ第三回州民投票を行ったとしても勝てる見込みがないというのがその主な理由だった。彼の後、ベルナール・ランドリーが州首相の座を引き継ぐ。しかし、二〇〇三年四月半ば、彼はジャン・シャレ〔一九五八―、弁護士・政治家〕率いる自由党に政権を奪われる。その間、クリー〔北米先住民アルゴンギン語族の一民族〕とのあいだには前年に「勇者の和解」と呼ばれる協定が成立してはいたものの、一部の先住民とケベック州政府とのあいだの緊張はますます高まっていく。

二〇〇三年十二月十二日、ジャン・クレティエンの退陣に続いて、ポール・マーティン〔一九三八—〕が第二十一代カナダ首相になる。二〇〇四年二月十九日、彼はスポンサーシップ事業と広報活動に関する調査委員会を設立する。委員長は裁判官ジョン・ゴメリに託される。たちまち委員会の審問に世論は熱中する。ジャン・クレティエン自由党政権がカナダを宣伝して、一九九五年十月三十日の州民投票の際の投票に影響を及ぼそうと、莫大な額を費やしていたことが分かったのだ。最初の公式報告書は二〇〇五年十一月一日に出される。幾人にも有罪判決が下され、しかも、政界の要人が戒告処分を受けることになろう〔二〇〇六年に元公共事業大臣チャック・ギデはじめ幾人もの関係者が有罪を下される〕——二〇〇八年六月二十六日に連邦裁判所の裁判官がその戒告処分を却下することになるのだが。この裁判官は、ジャン・クレティエン元首相と彼の内閣の官房長ジャン・ペルティエを糾弾していたゴメリ裁判官の報告書の結論を無効にした。判決は、カナダの統一促進に関連した厳密な意味での「スポンサーシップ・スキャンダル」には関与せず、三億ドルの事業がカナダの自由党政権と近しい一部の広告会社に莫大な利益をもたらしたことになる。

連邦レベルでは、二〇〇四年六月二十八日に総選挙が行われる。自由党が政権の座につきはするが、今回は少数派政権となる。ケベック州では、ケベック連合党が五四人の議員の当選を果たし、投票数の四九パーセントを獲得する。カナダ自由党はと言えば、連邦議会にはたった二一名の議員しかいない。翌年十一月二十八日、ポール・マーティン政権は転覆し、二〇〇六年一月二十三日にはふたたび選挙が実施されることになる。この日、カナダには新たな少数派政権が誕生するが、今度の首相は保守党党首スティーヴン・ハーパー〔一九五九―〕である。下院は保守党員一二四名、自由党員一〇三名、ケベック連合党員五一名、新民主党員二九名、無所属一名によって構成される。この無所属議員は、ケベック市で論争の的となったラジオ放送のかつての司会者、アンドレ・アルチュール〔一九四三―二〇一八〕である。ケベック州では、保守党が一〇名の議員を当選させるのに成功し、そのうちの七名がケベック市選挙区だけで当選したのである。

　ケベック州の政治状況は二〇〇五年以降根底から変化していく。六月四日、ベルナール・ランドリーは、自身の所属する党の大会の際に議員らによる信任投票で七六パーセントしか信任を得られなかったことを不服として、ケベック党党首の座を辞することに決める。すぐさま、ポリーヌ・マロワ〔一九四九―〕とアンドレ・ボワクレール〔一九六六―〕が後継者として立候補する。次の十一月十五日、アンドレ・ボワクレールがもっとも多くの支持を集めた。すなわち、彼の得票率は五三・六八パーセントで、ポリーヌ・マロワのほうは三〇・五六パーセント。他の六名の立候補者の獲得票数はごくわずかだった！　二〇〇六年三月二十日、政治活動のなかで数多くの大臣職を経験したポリーヌ・マロワは、政治生活からの引退を表明する。

政権の座についてから四年後、ジャン・シャレ州首相は、二〇〇七年二月二十一日、突然総選挙を始動させ、次の三月二十六日に設定する。新たな政党が、女性六五名を含む一二三名の候補者を出馬させて闘う。二〇〇六年二月四日に結成したケベック連帯党である。この党は、「進歩主義勢力同盟」〔二〇〇二年に複数の極左翼政党が合併して結成された政党〕と「市民の意見」〔二〇〇四年から二〇〇六年に起こった、フェミニズム、主権主義、アルテルモンディアリスムなどをかかげた政治運動〕の合併である。この新政党の特徴は、二人のスポークス・パーソンがいる点である。フランソワーズ・ダヴィド〔一九四八―〕とアミル・カディル〔一九六一―〕だ。投票日の晩、少数派政権が誕生する。州が少数派政権に率いられたのは一八七八年以来のことだ！ しかし、総選挙で最も意外だったのはおそらくケベック州に少数派政権が誕生したことではなく、マリオ・デュモン率いるケベック民主行動党（ＡＤＱ）が、解散時には議員が五名しかなかったのに、四一名を当選させたことだ。

ジャン・シャレのケベック自由党は、三分の一の得票数で四八人の議員を当選させた。ＡＤＱの得票率は三一パーセントで、ケベック党を抜いて野党第一党となる。ケベック党は、三六名の議員が当選し、得票率二八パーセントで第三位となる。ケベック連帯党の方はと言うと、一人も当選しなかったが、同党は、初めての選挙への参加とは言え、三・八五パーセントを獲得したケベック緑の党よりわずかに少ない三・六四パーセントの得票率だった。翌四月十八日、シャレ内閣の新大臣らの宣誓が行われる。男女ともに九名というのはケベック史上初めてのことである。ケベック党の結果が芳しくなかったことが、アンドレ・ボワクレールを五月八日に辞職に追い込む主な理由となる。彼に代わって、政治活動に復帰したポリーヌ・マロワが党首となる。

　連邦議会でも州議会でも、「ケベック・ネイション」の問題があいかわらずさまざまな議論や立場表明を引き起こしている。二〇〇六年十一月二十二日、連邦議会下院はケベック州民が「統一カナダのなかの一つのネイション」を形成していることを承認する動議を二六六対一六で採択する。当該の動議を提出したのはハーパー首相自身だった。このようにして、彼はケベック連合党によって作成されることになる、若干異なるもう一つの動議の提出に先手を打ったのだ。次の十一月三十日、州議会は、特別動議による下院の決定を公的文書として記録に残す。これらの立場表明は、ケベックのアイデンティティに関して別の考え方を前面に出しているケベック党党員らの目からは不十分だ。二〇〇七年十月二十日、ポリーヌ・マロワは、移民がケベック市民権を得るにはフランス語の知識が前提となるという法案を提出する。

　なお、移民に関しては、さまざまな宗教を信仰する移民の到来が増加していることによって「妥当なる調整」の問題〔ホストの文化と移民の文化の間で生じる理解の齟齬や確執、緊張のこと〕が生じている。正確な状況をより的確に把握するために、ジャン・シャレ首相は、二〇〇七年二月八日、文化的差異に関する調和の実践委員会の設立を宣言する。歴史学者で人口統計学者のジェラール・ブシャール〔一九四三―〕と哲学者のチャールズ・テイラー〔一九三一─〕に議長が任されたこの新しい委員会の任務は、次のとおりである。（a）ケベックにおける（妥当なる）調整の実践状況を把握すること、（b）他の社会の経験をふまえながら、その争点を分析すること、（c）実践状況に関して広範な調査を行うこと、（d）「妥当なる調整」の実践が、多元的、民主的、および平等な社会としてのケベック社会の価値観に合致するよう、ケベック州政府に勧告すること。

多岐にわたる活動のために、委員会は五〇〇〇万ドルの予算を使うことができた。より最先端の調査を行うためにさまざまな専門家の協力を得て、意見調査団が組織される。フォーラムが開催されたり、委員がケベック州内を回り、団体や個人の意見や要望を聴取したりする。ホームページには四〇万回以上のアクセスがあった。二〇〇七年十二月十四日に聞き取りは終わり、二〇〇八年五月二十二日に最終報告書が提出される。

委員会は、いわば多文化主義と対比させるために、間文化主義〔フランス語系文化をベースとしながら、多様なマイノリティ文化と共生を図ろうとする考え方〕を前面に打ち出す。統合の問題に関しては、このように勧告している。「（a）移民の技能とディプロマ（修了証）の認定、（b）フランス語化プログラム、（c）移民をモンレアル大都市圏以外の地方に分散化するためのさらなる努力、（d）ケベック州政府における省庁間の連携強化」。文化的理解をさらに広げるために、学校も含むすべての公的機関で働く州政府機関の職員の研修の改善を推奨する。また、委員会の結論は、不平等と差別に対する闘い、開かれた脱宗教化《ライシテ》、さまざまな調和の実践への取り組みを増やすことを前面に出している。すぐさま委員会の報告書の公表に対する反応が現れる。勧告の方針のいくつかを糾弾する人もいれば、報告書の内容の無条件での破棄を望む人もいる。しかし、多くの人びとにとって、より良い理解への希望が生まれた。その一方で、シャレ首相にとって、新たな憲法や、州議会の壁に飾られているキリスト教の十字架を外すことは論外だ。

また、医療や教育の分野におけるコストの急増で、パブリックガバナンスが複雑化する。「財政不均衡」と呼ばれる事態が糾弾される。各州の医療と教育分野における支出は止まることなく増加しているのに、連邦政府はますます莫大な財政黒字を抱えている。

ある種の右派への回帰が、全体的な状況をさらに複雑にしている。同性婚問題は、たとえこの婚姻形態が今ではカナダで認められていても、あいかわらず今日的な問題のままである。

多くの人びとが、ケベックもカナダもどこに向かおうとしているのかと自問している！

ケベック史年表

前三万―前一万　先住民がベーリング海峡を越えて北米大陸に到来し、定住を始める。
前八〇〇〇―前六〇〇〇　先住民がサンローラン河流域に住み着く。
一五三四　フランス人探検家ジャック・カルティエがガスペ半島突端に上陸。
一五三五　カルティエ、サンローラン河をスタダコナ（現ケベック市）からオシュラガ（現モンレアル）まで遡ることに成功し、新大陸を「カナダ」と命名。
一六〇八　フランス人探検家サミュエル・ド・シャンプランがケベック市を建設。
一六二五　イエズス会（男子）が学校建設のために到着。
一六二七　ヌーヴェル・フランス会社（「百人会会社」）設立。
一六二九　イギリス人のカーク兄弟がケベックを占領（―一六三二）。
一六三九　聖ウルスラ会（女子）が学校建設のために到着。看護修道女たちがオテル・デュー開設。
一六四二　メゾヌーヴらがサンローラン河中島に「ヴィルマリー」（現モンレアル）を建設。

一六六三　ヌーヴェル・フランスが「百人会会社」から国王直轄植民地になる。
一六六五　フランスがカナダに行政長官ジャン・タロンを派遣。最高評議会創設。
一七世紀後半　ヌーヴェル・フランスに封建制度が打ち立てられる（カトリック教会の影響）。
一六七〇　英国が本格的にカナダに進出。ハドソン湾会社設立。
一六七二　タロンの要請により、フランスから約八五〇人の「王の娘たち（filles du Roi）」が到着。
一七一三　スペイン継承戦争終結。ユトレヒト条約により、フランスはアカディ、ニューファンドランド、ハドソン湾を英国に譲渡。
一七五五　アカディ人の強制移住（—一七六二）。
一七五六　七年戦争（＝征服戦争、フレンチ＝インディアン戦争）勃発。
一七五九　アブラアム平原の戦いでケベック市陥落。
一七六〇　ヌーヴェル・フランス降伏。
一七六三　七年戦争終結。パリ条約により、フランスは北米におけるほぼすべての植民地を英国に譲渡し、ケベック植民地が誕生。
一七七四　ケベック法により、フランス系文化（信仰、民法、領主制度など）の存続が認められる。
一七七五　アメリカ独立革命（—一七八三）。
一七八三　アメリカ独立革命終結。数万人のロイヤリスト（王党派）がノヴァスコシアに移住し、翌年、そこからが分離してニューブランズウィック誕生。ケベックにも約七〇〇〇人が移住。
一七九一　立憲法（カナダ法）により、アッパー・カナダ植民地（現オンタリオ州、英系）とロワー・カナダ植民地（現ケベック州、仏系）を分割統治。
一七九二　立法議会成立。

一八一二―一四　米・英が戦火を交える（一八一三、シャトーゲイの戦い）。
一八一五　ルイ＝ジョゼフ・パピノーがカナダ党党首となる。英国からの移民増加。
一八三二　ロワー・カナダでコレラが流行し、一万人以上の死者を出す。
一八三七　ロワー・カナダでパピノーら愛国党員による反乱、アッパー・カナダでもマッケンジーらによる反乱（―一八三八）。
一八三九　英領北アメリカ植民地総督ダラム卿が英議会に『ダラム報告書』を提出。
一八四一　カナダ連合法により、アッパー・ロワー両カナダが再統合され、連合カナダ誕生。
一八四四　カナダ学院の創設。
一八四五　フランソワ＝グザヴィエ・ガルノー『カナダ史』（―一八五二）。
一八四七　大飢饉で母国を離れたアイルランド人が多数到着し、同時にチフスが持ち込まれ一万四〇〇〇人近くの死者を出す。この頃、連合カナダの米国への併合を望む人びとが現れる。
一八四〇年代　フランス系カナダ社会でカトリック信仰の存在感が増す。
一八五二　ケベック市にラヴァル大学設立。
一八五〇年代後半　アッパー・カナダの人口がロワー・カナダの人口を上回る。
一八六一　米国で南北戦争勃発（―一八六五）。
一八六七　英領北アメリカ法により連邦結成。ケベック州（仏系）、オンタリオ州（英系）、ノヴァスコシア州、ニューブランズウィック州から成る大英帝国の自治領カナダが誕生。連邦政府と州政府という二つのレベルの政府が設定される。
一八八五　ルイ・リエル（メティスの反乱軍のリーダー）が絞首刑に処される。
一八九〇　マニトバ州でフランス語によるカトリック分離学校の廃止を定めた学校法が成立。

一九一〇　アンリ・ブラサ『ル・ドゥヴォワール』紙創刊。
一九一二　オンタリオ州で規則一七号が採択され、公立校及び分離学校でのフランス語使用が制限される。
一九一四　第一次世界大戦（―一九一八）。英国を支援するための徴兵政策にフランス系住民が反発。リオネル・グルー神父らがフランス系国家を主張。
一九二九　世界経済恐慌（―一九三九）。
一九三一　ウェストミンスター憲章（自治領カナダが主権国家の地位を獲得、英連邦の一員に）。
一九三六　モーリス・デュプレシ率いるユニオン・ナショナル党が州政権を担う（―一九三九、一九四四―一九五九）。通算二〇年間にわたる「大いなる暗黒」時代。
一九三九　第二次世界大戦（―一九四五）、徴兵問題。
一九四〇　ケベック州で女性参政権が認められる（連邦レベルでは一九一八年から認められている）。
一九四三　教育の義務化。
一九四四　水力発電所イドロ＝ケベック創設。
一九四七　第二次世界大戦で家を失ったヨーロッパ人の移民を歓迎。アメリカとの関係緊密化。
一九四九　アスベスト鉱山におけるストライキ。
一九五〇　『シテ・リーブル』誌創刊。
一九五二　ラジオ＝カナダのテレビ放送開始。
一九五九　デュプレシ州首相急死。
一九六〇―　ジャン・ルサージュ率いる自由党による州政権がケベック州の「特別な地位」を要求。〈静かな革命〉開始（州政府の積極的介入による近代化）。
一九六二　電力の州有化。

一九六五　貯蓄投資公庫創設。
一九六七　カナダ連邦政府、移民法改正（差別的移民制度撤廃）。モンレアル万博。フランス大統領シャルル・ド・ゴールが訪加中、モンレアルで「自由ケベック万歳」発言。総合・職業教育カレッジ（セジェップ）創設。
一九六八　ピエール・E・トルドーが連邦首相に就任（—一九七九、一九八〇—八四）。ルネ・レヴェックがケベック党を結成。ケベック大学創設。
一九六九　連邦議会で公用語法制定（英語とフランス語は連邦政府の機関で対等）。ケベック州でフランス語推進法（六三号法）制定。
一九七〇　ロベール・ブラサ率いる自由党が州政権。ケベック解放戦線による〈十月危機〉。
一九七一　カナダ連邦政府、ピエール・E・トルドー政権による多文化主義政策。
一九七三　東京でケベック州政府在日事務所開設。
一九七四　ケベック州公用語法（二二号法）。
一九七六　モンレアルでオリンピック開催。ルネ・レヴェック率いるケベック党が州政権（—一九八五）。
一九七七　ケベック州で「フランス語憲章（一〇一号法）」公布。フランス語をケベック州の唯一の公用語とする。
一九八〇　ケベック州の「政治的主権＝経済的連合」に関する州民投票（第一回）↓約六割の反対で否決。
一九八二　カナダ憲法改正（一八六七年の英領北アメリカ法をカナダに移管し、「権利と自由に関するカナダ憲章」を組み込む）。
一九八四　ブライアン・マルルーニが連邦首相に就任（—一九九三）。
一九八五　ロベール・ブラサ率いる自由党が州政権（—一九九四）。
一九八七　ミーチ湖憲法改正合意案（ケベック州を「独特な社会」とする）。

一九八八　カナダ多文化主義法成立。
一九九〇　ミーチ湖憲法改正合意案、マニトバ州とニューファンドランド州で批准されず、廃案。「オカの危機」。
一九九二　シャーロットタウン協定（憲法改正合意案）、国民投票により六州で否決され廃案。
一九九三　ジャン・クレティエンが連邦首相に就任（―二〇〇三）。
一九九四　ジャック・パリゾー率いるケベック党が州政権。
一九九五　ケベック州の「主権＝連携」を問う州民投票（第二回）→賛成四九・四パーセント、反対五〇・六パーセントの僅差で否決。
一九九六　リュシアン・ブシャール率いるケベック党が州政権。
二〇〇一　ベルナール・ランドリー率いるケベック党が州政権。
二〇〇三　ジャン・シャレ率いる自由党が州政権。
二〇〇四　「スポンサーシップ・スキャンダル」発覚。
二〇〇七　ジェラール・ブシャールとチャールズ・テイラーを共同議長とする「妥当なる調整委員会」発足。
二〇〇八　ケベック市創設四〇〇周年祭。日本ケベック学会発足。
二〇一二　ポリーヌ・マロワ率いるケベック党が少数与党。
二〇一四　フィリップ・クイヤール率いる自由党が州政権。
二〇一五　ジュスタン・トルドーが連邦首相に就任。
二〇一八　フランソワ・ルゴー率いるケベック未来連合が州政権。

人名索引

ア行

カ行

サ行

タ行

ナ行

ハ行

マ行

ヤ行

ラ行

訳者あとがき

本書は Jacques Lacoursière, *Une histoire du Québec, racontée par Jacques Lacoursière*, Les éditions du Septentrion, 2002 (sixième tirage, 2014) の全訳である。タイトルを直訳すると「ジャック・ラクルシエールによって語られた、ケベックの一つの歴史」となるが、元となった豪華本の原題 (*Histoire du Québec*, éd., Henri Rivard, 2001) に倣って単に『ケベックの歴史』と呼ばれることも多いため、日本語訳もそちらを踏襲させていただいた。原著者のジャック・ラクルシエール（一九三二―二〇二一）が一昨年亡くなったことから、今年二月に新たにオマージュ版が出版され、「まえがき」がエリック・ベダールのものに差し替えられ、ドニ・ヴォージョワによってラクルシエールの生涯をふりかえる「あとがき」が加えられている。しかしながら、翻訳作業がすでに終盤にさしかかっており、また、体裁上の変更以外には、一点を除いて大きな異同がなかったため、本書では新版を参考にしつつも、二〇一四年版を底本とした。変更された「一点」というのは、旧版にあった《Amérindien（北米インディアン）》や《Indien（インディアン）》という語がすべて《Autochtone（先住民）》に置き換えられていたことである。今世紀に入ってからカナダにおける（というより世界における）先住民族にたいする評価が大きく変わったことを反映しているのだろう。この語については、新版に倣って変更させていただいた点をお断わりしておく。

さて、本書の出版は日本ケベック学会設立十五周年記念事業の一環でもある。二〇〇八年の設立以来、日本ケベック学会は全国大会や定例研究会、学会誌などを通じて、カナダ・ケベック州に関する学際的な研究を進めてきた。会員による著作、翻訳書、論文等が多数発表されており、その書誌情報は学会HPからご覧いただくことができる。しかし、残念なことに、これまでケベックの歴史を一望できる日本語の著作がなかった。そこで今回、ケベック研究者に役立つと同時に、一般読者にとっても近づきやすい歴史書の翻訳の企画が持ち上がり、検討を重ねた結果、ラクルシエールのこの著作を採り上げることになった。その間、発案者だった立花英裕（当時、学会長）が急逝したため、五名の訳者が遺志を継ぐこととなった。ケベック研究に尽力した立花の業績を偲んで、本書を彼に捧げたい。五名の訳者の分担は次の通りである。

まえがき、第一章、第二章、第三章……小倉和子

第四章、第五章……小松祐子
第六章、第七章……古地順一郎
第八章、第九章……伊達聖伸
第十章、第十一章……矢内琴江

ただし、各自が分担した部分の訳稿を持ち寄り、互いに読み合い、それぞれの専門の立場から内容を確認しあい、会議を重ねて訳語の統一や訳文の改良に務めた。原書における明らかな誤記・誤植等は、それを正した上で訳出した。同時に、一部の語には訳者による補足・説明を付し、〔 〕内に割注として入れた。とはいえ、ラクルシエールの記述は逸話も豊富で、訳語の決定にあたって既存の研究書を参考にできなかった部分も多い。大方のご叱正を請う次第である。

また、各章のタイトルには、訳者の判断で原題の内容を補う副題と、対象となっている時期を加筆した。さらに、巻末には年表と人名索引も付した。お読みいただく際の参考にしていただければ幸いである。

＊

カナダは北米大陸で広大な領土を有する国である（面積はロシアに次いで世界第二位で、日本の二七倍)。その東部に位置するケベック州が多くのフランス語系住民を抱える独特な州であることはご存じの向きも多いだろう。フランス・ブルターニュ地方出身の探検家ジャック・カルティエが白人として初めてガスペ半島に上陸したのは一五三四年。その後、一六〇八年には同じくフランス人のサミュエル・ド・シャンプランがケベック市を建設し、十七世紀には国王直轄の植民地「ヌーヴェル・フランス」が繁栄する。しかし、その後、イギリスも本格的にヌーヴェル・フランスに進出してきて、十八世紀中葉にはフレンチ゠インディアン戦争(一七五六—一七六三)へと発展し、フランスがイギリスに敗北したために、現在のカナダは圧倒的な英語圏となった。にもかかわらず、ケベック州を中心として、カナダ各地に今なおフランス語を母語とする人たちが多数生活していて、カナダ連邦政府は英・仏二言語を公用語とし、多文化主義を政策としている。ところが、肝心のケベック州のほうは州内ではフランス語のみを公用語として、文化的にも「多文化」ならぬ「間文化」社会を形成しようとしている。これはいったいいかなる経緯によるものなのか? ケベック州が現在のような土地になるまでにはさまざまな歴史の偶然とその時々における住民たちの選択があったことを、本書は詳しく教えてくれる。

アンドレ・シャンパーニュによる「まえがき」にもあるように、本書の著者ジャック・ラクルシエールはケベック史の啓蒙家であり、民衆の歴史家として親しまれてきた人である。一九六〇年代から八〇年代まで、若いケベック人たちは彼が共著者となった教科書を通してケベック史を学んだ。ケベックの歴史における主要な出来事を人びとの日常と結びつけ、読者の関心を引きながら分かりやすく解説するその語り口には定評があり、テレビやラジオの歴史番組でも才能と博識を存分に発揮した。主著には、彼の著作の集大成として『ケベックの民衆の歴史』(全五巻)があり、二〇〇二年には、ケベック州政府が授与する最高の栄誉である「ケベック州勲章」のシュヴァリエ章を、二〇〇六年には「カナダ勲章」のメンバー章を受章している。

本書をお読みいただくと、北米大陸でフランスが敗北し、ヌーヴェル・フランスの地が「ケベック植民地」としてイギリスに支配されるようになったあとも、フランス系住民がいかに自分たちの言語や文化を守ろうとして忍耐強く戦ってきたかが理解できる。これはおそらくカナダだけの問題ではないだろう。世界には、複数の民族、言語、文化を抱えている国は多く、それらは、不幸にしてより大きなものに吸収・同化させられてしまうときもあれば、共存して互いに影響を与えあいながら変化していくときもある。カナダの場合は、つねにフランス語系住民の激しい異議申し立てがあり、それにたいしてさまざまな施策が試みられた結果、現在のような「多文化主義」国家が生まれたといっても過言ではない。しかし、そのような国の一州でありながら、ケベック州はむしろ、多文化主義よりも、それを修正した「間文化主義(interculturalisme)」を推進している。多様な文化が単に共存しているのではなく、フランス語系住民が北米大陸で培ってきた文化を統合の軸に据え、さまざまな出自の住民同士の対話に重きを置く間文化主義の理論と実践は現在のケベック州をもっともよく特徴づけているものの一つであるが、ここでそれを詳細に紹介することはできない。ぜひ、ジェラール・ブシャールとチャールズ・テイラーが共同で委員長を務めた「文化的差異に関する調和の実践をめぐる諮問委員会」の報告書『未来の構築——和解の時』（邦訳『多文化社会ケベックの挑戦』明石書店、二〇一一）や、同じくブシャールの大著『間文化主義——多文化共生の新しい可能性』（彩流社、二〇一七）など、日本ケベック学会会員による既刊の翻訳書をご覧いただきたい。本書は、フランス語系住民が育んできた文化を謳歌しながら、新移民も含む多様なマイノリティを味方につけて北米大陸で独特の文化を発信している現在のケベック州がこれまでに経験してきた歴史を辿るものである。

*

訳者たちがもっとも苦労したのは《nation》の訳語である。仏仏辞典によれば《nation》には、「画定された領土内に設立された政治的共同体を構成する人間集団」という、通常、日本語では「国家」とか「国民」と訳される意味以外に、「共通の出自が想定できる人間集団」、あるいは、「(歴史的、社会的、文化的) 統一性の意識と、共に生きようとする意志によって特徴づけられる、通常かなり大きな人間集団」という意味もあり、さらにカナダでは、「北米先住民の共同体の集団」という意味もある。ケベック州の場合、最終的に独立した「国家」になることを想定して使用されるようになったとはいえ、現在の「ケベック人」はむしろ「共に生きようとする意志」によって結ばれた人間集団であり、「国家」や「国民」という訳語の範疇にはおさまりきらない。そのため、G・ブシャールの『ケベックの生成と「新世界」』（彩流社）や先述の『間文化主義』に倣い、原則的にカタカナで「ネイション」とさせていただいた。また、「ナショナル」については「州立」と解釈して問題ない場合はそのように訳している。他方、カナダでは北米インディアンの各部族とイヌイット、そしてこれらと白人との混血であるメティスのことを「先住民（Autochtones）」と定義しているが、そのなかで北米インディアンは「ファーストネイションズ」（フランス語では《Premières Nations》と呼ばれることが多い。先住民について《nation》が使われている場合は原則的に「民族」の語をあてたことをお断りしておく。

＊

最後になったが、共訳という性質上、水声社の廣瀬覚さんには編集作業でたいへんお世話になった。きめ細やかなご配慮に、訳者一同、心より感謝申し上げたい。

また、本書の出版に際して、国際ケベック学会（Association internationale des études québécoises）より手厚い支援と激励をいただいたことを書き留めておく。いつものことではあるが、われわれの研究活動を温かく見守ってくれる国際ケベック学会の存在なくして本書の刊行は実現しえなかった。

ケベック史を繙くことが地球上のさまざまな地域で暮らす人びとの言葉と文化への熱い思い、対立を超えた共生を考えるうえで大きなヒントになることを願ってやまない。

二〇二三年七月

訳者を代表して　小倉和子

著者／訳者について——

ジャック・ラクルシエール（Jacques Lacoursière）　一九三二年生、二〇二一年没。ケベック史の啓蒙家、民衆の歴史家。ケベック史における主要な出来事を人々の日常と結びつけ、読者の関心を引きながら分かりやすく解説する語り口には定評があり、『アメリカ大陸の叙事詩』や『一面トップで見る歴史』などのテレビ番組でも活躍した。主な著書に、『ケベックの民衆の歴史』（*Histoire populaire du Québec*, 全五巻、セプタントリオン社、一九九五―九七）などがある。二〇〇二年に「ケベック州勲章」のシュヴァリエ章、二〇〇六年には「カナダ勲章」のメンバー章を受章。

＊

小倉和子（おぐらかずこ）　立教大学異文化コミュニケーション学部特別専任教授（現代フランス文学、ケベック研究）。主な著書に、『記憶と風景——間文化社会ケベックのエクリチュール』（彩流社、二〇二二）などがある。

小松祐子（こまつさちこ）　お茶の水女子大学基幹研究院人文科学系教授（言語文化教育学・フランコフォニー研究）。主な著書に、『遠くて近いケベック——日ケ40年の対話とその未来』（共編著、御茶の水書房、二〇一三）などがある。

古地順一郎（こぢじゅんいちろう）　北海道教育大学教育学部函館校准教授（政治学、カナダ研究）。主な著書に、『カナダの歴史を知るための50章』（共著、明石書店、二〇一七）などがある。

伊達聖伸（だてきよのぶ）　東京大学大学院総合文化研究科教授（宗教学、フランス語圏地域研究）。主な著書に、『ライシテ、道徳、宗教学——もうひとつの一九世紀フランス宗教史』（勁草書房、二〇一〇）などがある。

矢内琴江（やうちことえ）　長崎大学ダイバーシティ推進センター准教授（社会教育学、フェミニスト・スタディーズ、ケベック研究）。主な訳書に、ミシュリンヌ・デュモン『ケベックのフェミニズム』（春風社、二〇二三）などがある。

AJÉQ 15 ans
日本ケベック学会
Association japonaise des études québécoises

Association internationale DES ÉTUDES QUÉBÉCOISES 25 ans

ケベックの歴史

二〇二三年九月二〇日第一版第一刷印刷　二〇二三年九月三〇日第一版第一刷発行

著者――ジャック・ラクルシエール

訳者――小倉和子・小松祐子・古地順一郎・伊達聖伸・矢内琴江

装幀者――宗利淳一

発行者――鈴木宏

発行所――株式会社水声社

東京都文京区小石川二―七―五　郵便番号一一二―〇〇〇二

電話〇三―三八一八―六〇四〇　ＦＡＸ〇三―三八一八―二四三七

［**編集部**］横浜市港北区新吉田東一―七七―一七　郵便番号二二三―〇〇五八

電話〇四五―七一七―五三五六　ＦＡＸ〇四五―七一七―五三五七

郵便振替〇〇一八〇―四―六五四一〇〇

URL : http://www.suiseisha.net

印刷・製本――モリモト印刷

ISBN978-4-8010-0749-9